Chemie

Grundwissen Sek. I Gymnasium

zum Nachschlagen
ab 10. Klasse Gymnasium

verfasst von
J. Kühmstedt

Oldenbourg

Inhalt

1	**Stoffe und Reaktionen**		**5**
1.1	Kenneigenschaften		5
1.2	Aggregatzustand und Teilchenmodell		6
1.3	Gemische und Trennverfahren		7
2	**Der Bau der Materie**		**10**
2.1	Von der Verbindung zum Element		10
2.2	Die chemische Formel		11
2.3	Die Existenz von kleinsten Teilchen		12
2.4	Der Aufbau des Atoms		13
2.5	Elektronenkonfigurationen		15
2.6	Orbitale		17
2.7	Das Periodensystem der Elemente		18
2.8	Wichtige Hauptgruppen		20
3	**Chemische Reaktionen**		**22**
3.1	Chemische Reaktion und Stoffänderung		22
M	Reaktionsgleichungen richtig stellen		24
3.2	Chemische Reaktion und Energieänderung		25
3.3	Katalyse		26
3.4	Eigenschaften chemischer Reaktionen		27
3.5	Die Geschwindigkeit chemischer Reaktionen		28
3.6	Chemische Gleichgewichte		29
4	**Salze**		**32**
4.1	Ionisierungsenergie und Edelgasregel		32
4.2	Die Kochsalzsynthese		33
M	Reaktionsgleichungen zur Salzsynthese aufstellen		35
4.3	Die Stoffklasse der Salze		36
4.4	Nachweise von Ionen		38
5	**Metalle**		**40**
5.1	Die Metallbindung		40
5.2	Herstellung und Reaktionen von Metallen		41
6	**Grundlagen molekularer Stoffe**		**43**
6.1	Die Elektronenpaarbindung		43
M	Valenzstrichformeln aufstellen		45
6.2	Der räumliche Bau von Molekülen		46
6.3	Elektronegativität und polare Atombindung		47
6.4	Intermolekulare Wechselwirkungen		48
6.5	Lösungsvorgänge		50
6.6	Wasser – ein besonderes Molekül		51
6.7	Trinkwasser für den Menschen		52
6.8	Nachweise molekularer Stoffe		53
7	**Quantitative Aspekte**		**56**
7.1	Atommasse und Avogadro-Konstante		56
7.2	Die molare Masse		58
7.3	Das molare Volumen		59
7.4	Rechnen mit Größengleichungen		61
M	Rechnen mit Größengleichungen		62

8 Protonenübergänge 63
- 8.1 Grundlagen von Säuren und Basen 63
- 8.2 Die chemische Natur einer Säure 64
- 8.3 Die chemische Natur einer Lauge 66
- 8.4 Ampholyte 67
- 8.5 Die Säure-Base-Reaktion 68
- 8.6 Die Neutralisation 68
- M Rechnen bei Titrationen 70
- 8.7 Wichtige Säuren und Laugen 71

9 Elektronenübergänge 73
- 9.1 Verbrennung und Brandbekämpfung 73
- 9.2 Die Luft und ihre Bestandteile 74
- 9.3 Die Redoxreaktion 75
- 9.4 Explosion und stille Oxidation 77
- 9.5 Oxidationszahlen 78
- M Komplexe Redoxgleichungen erstellen 80
- 9.6 Das Daniell-Element 82
- 9.7 Die elektrochemische Spannungsreihe 83
- 9.8 Die Elektrolyse 84
- 9.9 Elektrochemische Stromerzeugung 85
- 9.10 Die Korrosion 87

10 Chemie der Kohlenwasserstoffe 89
- 10.1 Was ist organische Chemie? 89
- 10.2 Alkane 90
- 10.3 Verzweigte Alkane 92
- M Benennung von Alkanen 93
- 10.4 Alkene 94
- 10.5 Stereoisomerie der Doppelbindung 95
- 10.6 Alkine 96
- 10.7 Petrochemie 97
- 10.8 Problematik fossiler Rohstoffe 98
- 10.9 Halogenierungen 100
- 10.10 Halogenalkane und Ozon 102

11 Sauerstoffhaltige Kohlenwasserstoffe 104
- 11.1 Alkohole 104
- 11.2 Ethanol als nachwachsender Rohstoff 106
- 11.3 Oxidationsreaktionen 107
- 11.4 Carbonylverbindungen 108
- M Oxidationszahlen in organischen Verbindungen 110
- 11.5 Carbonsäuren 111
- 11.6 Ester 112

12 Biomoleküle 115
- 12.1 Fette 115
- 12.2 Zucker als Kohlenhydrate 116
- 12.3 Polysaccharide 118
- 12.4 Aminosäuren 119
- 12.5 Proteine 120

13 Chemie in Alltag und Technik 122
- 13.1 Seifen und Tenside 122
- 13.2 Kunststoffe 123
- 13.3 Die Schmelzflusselektrolyse 124
- 13.4 Das Haber-Bosch-Verfahren 125

Vorwort

Im Chemieunterricht macht man immer wieder die Erfahrung, dass neue Sachverhalte schwierig zu verstehen sind, wenn die nötigen Grundlagen nicht ausreichend gefestigt sind. Im vorliegenden »Grundwissen Chemie« sind zentrale Themen des einführenden Chemieunterrichts in kleine Einheiten gegliedert und in kompakter Form dargestellt, um ein gezieltes und selbständiges Wiederholen bzw. Nachlernen zu ermöglichen. Farbige Fotos und meist farbige Abbildungen veranschaulichen dabei die Erläuterungen.

Das Buch ist für alle Ausbildungsrichtungen geeignet, jedoch werden manche Themen im mathematisch-naturwissenschaftlichen Gymnasium möglicherweise vertieft behandelt, während sie in sprachlichen oder vergleichbaren Zweigen nur gestreift werden.

Die Seiten sind in der Regel nach folgendem Schema aufgebaut:
- Ein beobachtbares Phänomen – z. B. in Form eines Versuches oder einer Alltagserfahrung – gibt einen schnellen Zugang zur Thematik.
- Es folgt ein kurzer Text, der die zentralen Inhalte des Kapitels darstellt. Wichtige Begriffe sind farbig markiert. Ein Verzeichnis dieser Begriffe befindet sich zur selbständigen Kontrolle jeweils am Ende des Kapitels.
- Zum Abschluss wird im Panorama ein Bezug zu anderen Naturwissenschaften oder zum Alltag hergestellt.

Noch ein Hinweis in Sachen Sicherheit: Einige der geschilderten Versuche bergen ein Gefahrenpotenzial, das in der Regel nicht eigens beschrieben ist. Eigene Versuche zu Hause sollten daher nur nach Rücksprache mit dem Chemielehrer und unter Aufsicht eines Erwachsenen erfolgen.

Viel Erfolg beim Wiederholen!
J. Kühmstedt

1 Stoffe und Reaktionen

1.1 Kenneigenschaften

Phänomen

Ein Metallstab fühlt sich bei Raumtemperatur kälter an als ein Holzstock. Das Metall ist bei gleichem Volumen schwerer und härter. Wenn es auch magnetisch ist, können wir aus der Summe dieser und anderer charakteristischer Eigenschaften (z. B. Spuren von Rost) eindeutig schlussfolgern, dass es sich um Eisen handelt.

Jeder Stoff hat unveränderliche, charakteristische Eigenschaften, die ihn eindeutig kennzeichnen. Sie heißen **Kenneigenschaften**. Wichtige Beispiele wären:
- Dichte
- Leitfähigkeit für Wärme und elektrischen Strom
- Schmelz- und Siedetemperatur
- Farbe
- chemisches Reaktionsverhalten, z. B. Verhalten gegenüber einer Flamme
- Kristallstruktur
- Wärmekapazität ...

Sie stehen im Gegensatz zu anderen Eigenschaften, die veränderlich sind und sich daher nur bedingt zur Identifikation eignen. Beispiele dafür wären: Form, Oberfläche oder Aggregatzustand. Die Grenze zu den Kenneigenschaften ist jedoch fließend, da beispielsweise auch die Dichte eines Gases oder Schmelz- und Siedetemperatur nur bei konstantem Druck unveränderlich sind.

Hinweis

Auf einen Stoff lassen sich nicht immer alle genannten Eigenschaften anwenden, z. B. wenn der Stoff nicht kristallisierbar ist oder sich zersetzt, bevor er verdampft.

1.2 Aggregatzustand und Teilchenmodell

Phänomen

Wenn man einen Eiswürfel aus dem Gefrierschrank nimmt und in einem Topf liegen lässt, schmilzt er zu Wasser. Erhitzt man den Topf auf dem Herd, fängt die Flüssigkeit an zu dampfen und später zu kochen. Das Wasser wird zu gasförmigem Wasserdampf. In allen Fällen ist es der gleiche Stoff: Wasser. Lediglich seine Zustandsform hat sich in Abhängigkeit der Umgebungstemperatur geändert.

Es gibt für fast alle Stoffe in Abhängigkeit der äußeren Bedingungen drei mögliche Zustandsformen: fest, flüssig, gasförmig. Sie werden **Aggregatzustände** genannt. **Schmelztemperatur** und **Siedetemperatur** (auch Schmelz- oder Siedepunkt genannt) sind die Temperaturen, bei denen sich der Aggregatzustand ändert. Dieser Vorgang heißt auch **Phasenübergang**.

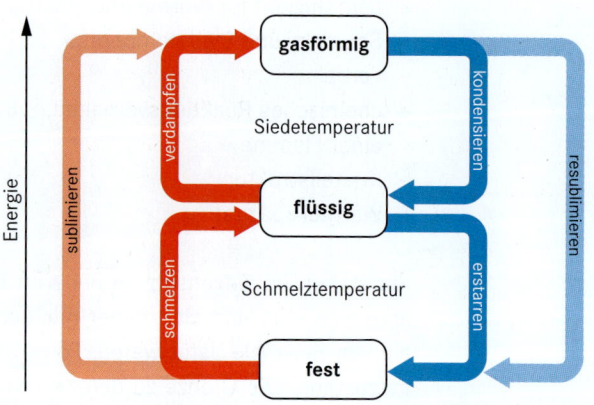

Abbildung 1.1

Darstellung der verschiedenen Phasenübergänge: Rote Pfeile bedeuten, dass für den Übergang Energie aufgewendet werden muss, blaue Pfeile symbolisieren die Energie, die an die Umgebung abgegeben wird.

Merkhilfe

Wie bei einer Treppe benötigt ein Schritt nach oben in Abb. 1.1 Energie; ein Schritt nach unten setzt den gleichen Energiebetrag frei.

Die Teilchen, die einen Stoff aufbauen, sind bei unterschiedlichen Temperaturen unterschiedlich angeordnet (Abb. 1.2). Im festen Zustand sind die Teilchen fest miteinander verbunden und unbeweglich. Im flüssigen Zustand sind die Bindungen schwächer, sodass die Teilchen noch zusammenbleiben, sich aber frei bewegen können. In einem Gas sind die Teilchen vereinzelt. Es treten kaum Bindungskräfte zwischen den Teilchen auf.

Abbildung 1.2
Darstellung der Aggregatzustände im Teilchenmodell

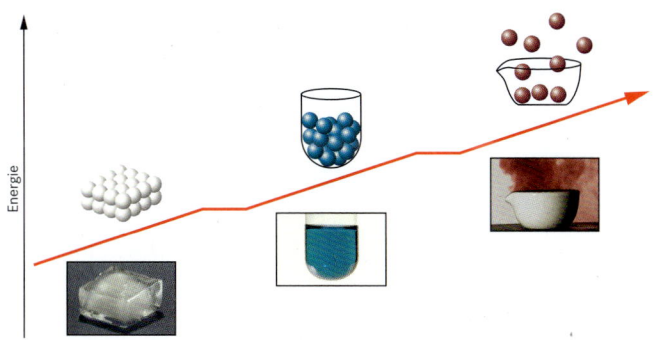

Um die Bindungskräfte der Teilchen zu lösen, muss man Energie aufwenden, z. B. die **Schmelzwärme**. Deshalb bleibt beim Erhitzen von Eis die Temperatur zunächst konstant und steigt erst, wenn das Eis vollständig geschmolzen ist. Beim Gefrieren wird der gleiche Energiebetrag frei. Das Gleiche gilt auch für den Phasenübergang »von flüssig nach gasförmig«.

In der Physik werden noch weitere Zustände der Materie wie das Plasma und das Einstein-Bose-Kondensat beschrieben. Sie spielen jedoch für die chemische Betrachtung der Materie eine untergeordnete Rolle.

Panorama

Alltag

Wenn man mit nassen Haaren Fahrrad fährt, erlebt man hautnah die Energieänderung beim Phasenübergang. Der Fahrtwind führt zur verstärkten Verdunstung von Wasser. Die dafür nötige Energie wird dem Körper entzogen, sodass man Gefahr läuft, sich zu er»kälten«.

1.3 Gemische und Trennverfahren

Phänomen

Granitoberfläche

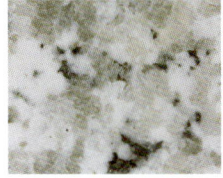

Die Kenneigenschaften für ein Stück Granit anzugeben, ist schwierig, da man schon an den verschiedenen Farben sieht, dass unterschiedliche Stoffe enthalten sind. Es handelt sich dabei um drei verschiedene Kristalle: Quarz, Feldspat und Glimmer. Granit besteht also nicht aus einem Stoff, sondern aus einem Gemisch oder Gemenge verschiedener Stoffe.

Komponenten	Bezeichnung	Beispiel	Trennverfahren	Trennung durch
Heterogene Gemische				
fest/fest	Feststoffgemisch	Eisen + Sand	Magnet	Magnetismus
fest/flüssig	Suspension	Sand + Wasser	Filtration	Partikelgröße
fest/gasförmig	Rauch	Zigarettenrauch	Filter	Partikelgröße
flüssig/flüssig	Emulsion	Milch	Zentrifuge	Dichte
flüssig/gasförmig	Schaum	Spülwasser	Öl	Oberflächenspannung
Homogene Gemische				
fest/fest	Feststoffgemisch	Legierung	s. S. 9	
fest/flüssig	Lösung	Farblösung	Chromatographie	Lösungsverhalten
flüssig/flüssig	Lösung	Wodka	Destillieren	Siedetemperatur
gasförmig/gasförmig	Gasgemisch	Luft	Linde-Verfahren	Siedetemperatur

Tabelle 1.1
Einteilung verschiedener Gemische nach den enthaltenen Komponenten

Merkhilfe
gr.: »heteros« = verschieden,
gr.: »homoios« = gleich

Da man mit dem Auge bereits unterschiedliche Komponenten unterscheiden kann, handelt es sich beim Granit um ein **heterogenes Gemisch**. Liegt dagegen ein einheitliches Gemisch vor, bei dem die enthaltenen Komponenten nicht zu unterscheiden sind, wie bei Salzwasser, spricht man von einem **homogenen Gemisch**. Tabelle 1.1 gibt einen Überblick über die verschiedenen Gemische.

Aufgrund ihrer unterschiedlichen Kenneigenschaften kann man die Stoffe eines Gemisches trennen, sodass man mehrere **Reinstoffe** erhält, die nur noch aus einer Sorte von Teilchen oder Teilchenkombinationen bestehen. Ein Beispiel: Schon die alten Römer gewannen Salz aus sogenannten Salzgärten. In diesen flachen Meerwasserbecken verdunstet das Wasser in der Sonne. Das Salz bleibt zurück. Die Stoffe Wasser und Kochsalz wurden also aufgrund ihrer unterschiedlichen Siedetemperaturen getrennt.

Beim »Schnaps brennen« macht man sich das gleiche Verfahren zunutze. Der Wein wird erhitzt, wobei die entstandenen Dämpfe aufgefangen und gekühlt werden. Da Alkohol eine niedrigere Siedetemperatur hat als Wasser, verdunstet im

Verhältnis weniger Wasser, sodass der Alkohol aufkonzentriert werden kann. Das Verfahren heißt Destillation (Abb. 1.3) und wird beispielsweise auch bei der Gewinnung der verschiedenen Kraftstoffe aus Erdöl eingesetzt (s. S. 97).

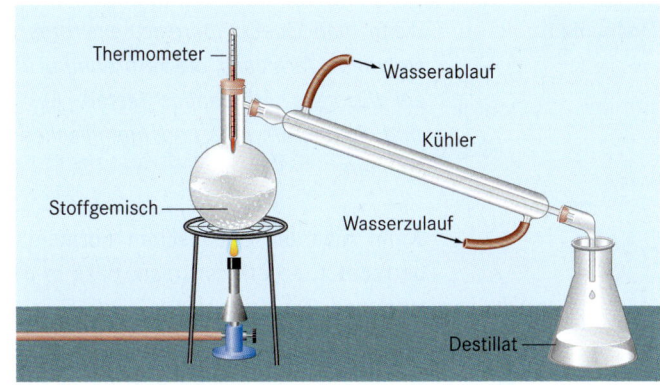

Abbildung 1.3
Apparatur zur Destillation einer Lösung zweier Flüssigkeiten

Hinweis

Die Legierung ist ein problematisches »Gemisch«, da beim Mischen von Metallen mehr geschieht als ein bloßes Vermengen. Dies erkennt man auch an der Farbänderung beispielsweise bei Messing oder Bronze. Diese Gemische sind nicht einfach zu trennen und daher eventuell gar nicht mehr als Gemische zu betrachten (siehe auch S. 22).

Panorama

Technik

Alle Trennverfahren arbeiten unvollständig. Einen echten Reinstoff gibt es auf der Erde nicht. Selbst der reinste Stoff enthält noch kleinste Verunreinigungen von anderen Stoffen. (Auch im Vakuum des Weltalls fliegen ab und zu noch ein paar Teilchen vorbei.) Entsprechend hängt der Preis eines Stoffes vom Reinheitsgrad ab. Für Halbleiterchips oder Solarzellen braucht man sehr reines Silicium, das dann gezielt mit »Verunreinigungen« versetzt wird, damit es seine Funktion erfüllen kann.

Grundbegriffe

Kapitel 1

Kenneigenschaften – Aggregatzustände – Schmelztemperatur – Siedetemperatur – Phasenübergang – Schmelzwärme – heterogenes Gemisch – homogenes Gemisch – Reinstoffe

2 Der Bau der Materie

2.1 Von der Verbindung zum Element

Phänomen

Wenn man Quecksilberoxid, ein rotes Pulver, erhitzt, so entstehen ein farbloses, die Verbrennung unterstützendes Gas und ein flüssiges, glänzendes Metall. Aus Quecksilberoxid (HgO) sind Sauerstoff (O_2) und metallisches Quecksilber (Hg) entstanden.

Wenn man die chemischen Formeln der beteiligten Stoffe betrachtet, so erkennt man, dass in den Formeln von Sauerstoff und Quecksilber nur jeweils ein Atomsymbol (s. S. 11) enthalten ist: nämlich das Symbol von Sauerstoff (O) und das Symbol von Quecksilber (Hg). Im Quecksilberoxid (HgO) sind beide Atomsymbole vorhanden.

Aus dem Reinstoff Quecksilberoxid sind bei der Reaktion also »noch reinere« Stoffe geworden. Da diese nur noch aus einer Sorte von Atomen bestehen, können sie nicht mehr in reinere Stoffe umgewandelt werden. Chemische Stoffe, die nur aus einer Sorte von Atomen aufgebaut sind, heißen **Elemente**. Quecksilberoxid besteht nicht aus Quecksilber und Sauerstoff, sondern entstand aus ihnen. Quecksilberoxid enthält zwar die gleichen Atome wie die entsprechenden Elemente, aber in anderer Anordnung. Es ist eine **Verbindung** aus Quecksilber und Sauerstoff. Zur Erzeugung der Elemente muss daher eine **Zersetzung** stattfinden. Die Zersetzung eines Reinstoffes in seine Elemente heißt **Analyse**.

Hinweis

Es ist wichtig, auf den Unterschied zwischen Analyse (Zersetzung) und Trennverfahren zu achten.

Abbildung 2.1

Einteilung der Stoffe

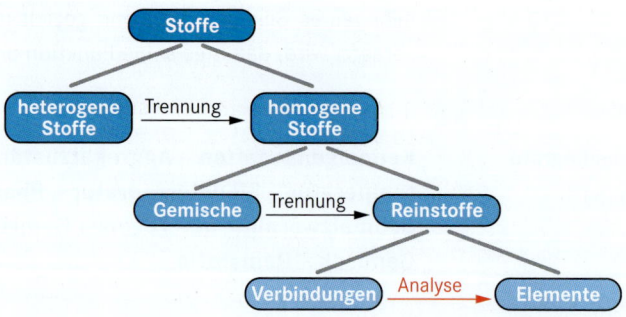

Panorama
Umwelttechnik

Die Trennung von Gemischen in Reinstoffe ist eine große Herausforderung in der Abfallwirtschaft. Reinstoffe können leichter verwertet werden als Gemische. Besonders Verbundwerkstoffe wie Tetrapaks oder Glasfaser-Kunststoffe sind kaum mehr zu trennen.

2.2 Die chemische Formel

Phänomen

Knallgas ist ein Gemisch aus elementarem Wasserstoff (H_2) und Sauerstoff (O_2). Wenn man das Gemisch durch einen Funken zündet, entsteht daraus Wasser (H_2O). Sowohl vor als auch nach der Reaktion sind die gleichen Atome vorhanden, nur anders angeordnet.

Um trotzdem genau angeben zu können, um welches System es sich handelt, haben sich die Chemiker auf internationale Abkürzungen geeinigt, die auf der ganzen Welt verwendet werden: die **chemischen Formeln**. Wasser hat z.B. die chemische Formel H_2O:

Merkhilfe
Viele Atomsymbole lassen sich aus dem Lateinischen ableiten: Silber = Ag von argentum, Eisen = Fe von ferrum. Im Periodensystem hinten finden sich alle Elementnamen und die zugehörigen Atomsymbole.

Der Koeffizient gibt an, wie viele (ganze) Teilchen des Stoffs vorhanden sind.

$$5\,H_2O$$

Die Atomsymbole geben an, welche Atomsorten in dem Stoff vorkommen. Da mehrere Symbole mit dem gleichen Buchstaben beginnen, kommt oft ein zweiter hinzu. Dieser ist immer klein.

Der Index (Plural: Indices) gibt an, in welchem Verhältnis die verschiedenen Atome in dem Stoff vorkommen. Der Index 1 wird nicht geschrieben: $H_2O_{(1)}$

Beispiele

- 6 O: 6 isolierte Sauerstoffatome
- 2 O_3: zwei Ozonmoleküle
- 3 O_2: drei Moleküle elementaren Sauerstoffs

Obwohl in allen drei Beispielen sechs Sauerstoffatome vorliegen, handelt es sich um drei verschiedene Systeme.

Die chemische Formel ist charakteristisch für einen Stoff und nicht veränderbar. Wenn sich die Formel ändert, hat sich auch etwas an dem Stoff geändert und umgekehrt.

Merkhilfe
Die zweiatomigen Elemente kann man sich mit der Abkürzung HOFBrINCl merken.

Da Edelgase atomar, also in Form einzelner Atome, vorkommen, sind bei ihnen Atomsymbol und Formel identisch:
Argon: Ar_1 ⇒ Ar;   Helium: He_1 ⇒ He.
Folgende Elemente liegen immer als Moleküle vor:
Wasserstoff H_2, Sauerstoff O_2, Stickstoff N_2, Fluor F_2, Chlor Cl_2, Brom Br_2 und Iod I_2.

Panorama
Alltag

Wenn man Hanutas kaufen möchte, gibt es im Supermarkt zumeist Packungen mit zwölf oder mit zwei Stück zu kaufen. Wenn man 24 Stück möchte, bedeutet das, dass im ersten Fall zwei, im zweiten Fall zwölf Packungen nötig sind. In der »Schokoladen-Formelschreibweise« würde das folgendermaßen aussehen: 2 Han_{12} bzw. 12 Han_2.

2.3 Die Existenz von kleinsten Teilchen

Phänomen

Auf die griechischen Philosophen Leukipp und Demokrit geht bereits folgende Überlegung zurück: Man stelle sich einen Körper vor, der einmal geteilt wird, dann noch einmal und wieder und wieder. Lässt sich dieser Prozess endlos fortsetzen? Leukipp und Demokrit behaupteten damals bereits, dass man irgendwann auf unteilbare Teilchen stoßen sollte. Diese nannten sie Atome.

Merkhilfe
Der Begriff Atom kommt von gr.: »atomos« = unteilbar

Hinweis
Der Begriff Diffusion beschreibt das Phänomen, dass sich ein gasförmiger oder gelöster Stoff nach einiger Zeit im zur Verfügung stehenden Raum gleichmäßig ausgebreitet hat.

Wenn man eine Duftlampe im Zimmer anzündet, riecht das ganze Zimmer nach einiger Zeit nach dem ätherischen Öl, das verwendet wurde. Der Duftstoff hat sich im zur Verfügung stehenden Raum ausgebreitet. Dieser Vorgang heißt **Diffusion**. Damit das möglich ist, müssen wir folgern, dass das Öl aus kleineren Teilchen besteht, die im Verlauf der Diffusion getrennt wurden und sich im Raum verteilt haben. Das gleiche Phänomen beobachten wir, wenn wir einen Teebeutel mit heißem Wasser aufgießen. Nach einiger Zeit sind Farbe und Geschmacksstoffe im ganzen Glas verteilt.

Abbildung 2.2

Weg eines Tuscheteilchens im Mikroskop

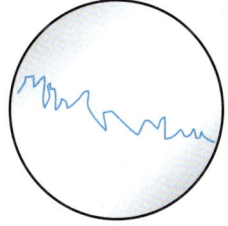

Wenn man verdünnte Tusche mit dem Mikroskop beobachtet, kann man die Ursache für dieses Phänomen sogar sehen. Die kleinen Partikel der Tusche werden, wie von unsichtbarer Hand berührt, hin- und hergeworfen und stehen niemals still.

Der Grund liegt darin, dass auch das Wasser aus kleinen Teilchen besteht, die ständig in Bewegung sind (= Brown'sche Molekularbewegung) und das Tuscheteilchen ständig hin- und herwerfen, wie einen Wasserball in einem Wellenbad (Abb. 2.2). Dadurch, dass diese Bewegungen jedoch zufällig und ungerichtet sind, erscheinen die Stoffe zumindest für unser Auge nach einiger Zeit als gleichmäßig verteilt.

Hinweis

Mit der Entdeckung der Radioaktivität ist der Begriff »Atom« nicht mehr zutreffend. Die Physiker erforschen Teilchen, die wesentlich kleiner sind als ein Atom oder seine Elementarteilchen. Für die Erklärung von chemischen Phänomenen genügt diese Ebene jedoch.

Jedoch besteht nicht jeder Stoff aus den gleichen kleinsten Teilchen. Edelgase bestehen wirklich aus einzelnen **Atomen**. Bei Metallen sind sehr viele Atome in einem regelmäßigen Gitter angeordnet (s. S. 40). Die meisten Nichtmetalle sind jedoch aus **Molekülen** aufgebaut (s. S. 43). Das sind in der Regel kleinere Gebilde von fest miteinander verbundenen Nichtmetallatomen. Es gibt jedoch auch sehr große Moleküle, wie bei der DNS, bei einem Diamantkristall oder bei Kunststoffen. Diese heißen dann **Makromoleküle**.

Salze bestehen aus geladenen Teilchen, die **Ionen** genannt werden (s. S. 32). Positiv geladene Ionen heißen **Kationen**, negativ geladene Ionen nennt man **Anionen**. Es können geladene Atome (z. B. das Chlorid-Ion Cl^-) oder geladene Moleküle sein (z. B. das Carbonat-Ion CO_3^{2-}).

2.4 Der Aufbau des Atoms

Phänomen

Als Ernest Rutherford und seine Mitarbeiter radioaktive Strahlung auf eine sehr dünne Goldfolie schossen, stellten sie fest, dass der größte Teil der Strahlung das Metall praktisch ungehindert passierte. Nur ein kleiner Teil der Strahlung wurde sehr stark abgelenkt. Daraus konnte man schließen, dass der Großteil der Atommasse auf einem kleinen Punkt konzentriert ist, während der übrige Teil des Atoms praktisch masselos ist.

Abbildung 2.3
Atommodell des Heliumatoms

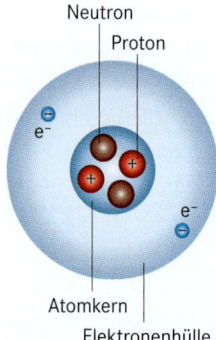

Neutron
Proton
Atomkern
Elektronenhülle

Merkhilfe
Nukleus = der Zellkern; Nuklearenergie = Kernenergie

Hinweis
Für die drei Wasserstoffisotope gibt es unterschiedliche Atomsymbole:
$^{1}_{1}H$ = Wasserstoff,
$^{2}_{1}D$ = Deuterium,
$^{3}_{1}T$ = Tritium.

Tabelle 2.1
Zusammenfassende Darstellung der Elementarteilchen

Rutherford entwickelte daraus das in seinen Grundzügen immer noch gültige **Kern-Hülle-Modell** (Abb. 2.3): Annähernd die gesamte Masse des Atoms liegt im positiv geladenen **Atomkern**. Er ist ungefähr 10^{-15} m (1 billiardstel Meter) groß. Der Kern besteht aus den **Nukleonen**. Dabei handelt es sich um positiv geladene **Protonen** und neutral geladene **Neutronen**. Ihre Masse ist annähernd gleich groß (s. Tab. 2.1).
Den Atomkern umgibt eine mit ca. 10^{-10} m vergleichsweise große Atomhülle. Sie enthält **Elektronen**, wird daher auch **Elektronenhülle** genannt und ist negativ geladen. Ihre Masse ist – verglichen mit der Nukleonenmasse – zu vernachlässigen (Tab. 2.1). Die **Nukleonenzahl** (beim Atomsymbol links oben angegeben) bestimmt daher die Masse des Atoms.

In elementarem Zustand ist das Atom elektrisch neutral, also ungeladen. Es enthält gleich viele Protonen wie Elektronen. Die Ladung ist rechts oben am Atomsymbol zu finden. Wenn die Ladung neutral ist, ist keine Angabe nötig (vgl. Index = 1, s. S. 11).

Nukleonenzahl ⟶ $^{14}_{7}N^{(0)}_{2}$ ⟵ Ladung
Protonenzahl (Ordnungszahl) ⟶ ⟵ Index

Die Anzahl der Protonen wird durch die **Ordnungszahl** (links unten) angegeben. Sie bestimmt die Art des Elements. Die Neutronenzahl ergibt sich als Differenz zwischen Nukleonen- und Protonenzahl. Atome eines Elements, die sich in der Nukleonen- und damit der Neutronenzahl unterscheiden, heißen **Isotope**. Sie verhalten sich chemisch praktisch identisch, sind jedoch unterschiedlich schwer. So gibt es z. B. die Kohlenstoffisotope $^{12}_{6}C$ und $^{14}_{6}C$.

Teilchen	Symbol	Ort	Ladung	Masse	vereinfacht
Proton	p^+	Kern	+1 e	$1{,}672 \cdot 10^{-27}$ kg	1 u
Neutron	n	Kern	0	$1{,}675 \cdot 10^{-27}$ kg	1 u
Elektron	e^-	Hülle	–1 e	$0{,}91 \cdot 10^{-30}$ kg	0

Panorama
Medizin

Die α-Strahlen, die Rutherford benutzte, sind sehr energiereich, haben aber eine geringe Reichweite, sodass sie schon von einem Blatt Papier abgeschirmt werden. Sie werden in der Strahlentherapie verwendet, da sie nur lokal wirken und keine anderen Bereiche des Körpers verstrahlen.

2.5 Elektronenkonfigurationen

Phänomen

Ein Hotel hat verschiedene Stockwerke. Wenn eine Reisegruppe anreist, werden die Teilnehmer zunächst nacheinander in ein Stockwerk einquartiert. Reicht der Platz dort nicht aus, müssen die übrigen Reisenden in das nächste Stockwerk ausweichen.

Mit steigender Protonenzahl im Periodensystem der Elemente (PSE) nimmt auch die Zahl der Elektronen in der Elektronenhülle eines Atoms zu. Die Anordnung der Elektronen, die in allen Atomen den gleichen Regeln gehorcht, nennt man **Elektronenkonfiguration**.

Die Elektronen sind in verschiedenen »Schichten« um den Atomkern angeordnet, die entsprechend ihrem Energiegehalt **Hauptenergiestufen n** genannt werden. Elektronen, die sich näher am Atomkern befinden, sind energieärmer, äußere Elektronen sind energiereicher. Der Aufbau wird gerne mit einer Zwiebel verglichen, sodass man sagen kann, dass sich die Elektronen auf verschiedenen **»Schalen«** befinden. Die Schalen werden von innen nach außen nummeriert.

Hinweis
Parallel existiert eine Bezeichnung der Schalen mit Buchstaben, beginnend mit K, L, M ...

Auf einer Schale können sich maximal $2n^2$ Elektronen aufhalten (n = Hauptenergiestufe). Wenn man die möglichen Werte für n einsetzt, erhält man folgendes Ergebnis:

n = 1 ⇒ maximal $2 \cdot 1^2$ = 2 Elektronen
n = 2 ⇒ maximal $2 \cdot 2^2$ = 8 Elektronen
n = 3 ⇒ maximal $2 \cdot 3^2$ = 18 Elektronen usw.

Ein Wasserstoffatom hat nur ein Elektron. Dieses findet auf der ersten Schale Platz. Im Heliumatom befinden sich zwei Elektronen. Damit ist die erste Schale voll besetzt.

Da im Lithiumatom drei Elektronen zu verteilen sind, können nur zwei auf der ersten Schale sein. Das dritte ist auf die zweite Schale verlagert. Beim Neon gibt es 10 Elektronen. Davon passen zwei auf die erste Schale, mit den übrigen acht ist auch die zweite Schale voll besetzt. Damit wird beim Natrium für das 11. Elektron die 3. Schale »angefangen« ...

Übliche Schreibweise der Elektronenkonfiguration:

Hinweis

Die Summe der »Exponenten« muss der Elektronenzahl entsprechen.

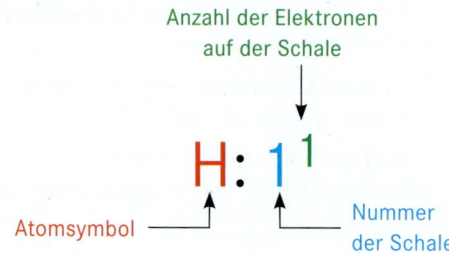

Beispiele

Helium He: 1^2
Lithium Li: $1^2\ 2^1$
Neon Ne: $1^2\ 2^8$
Natrium Na: $1^2\ 2^8\ 3^1$

Es existiert auch noch eine Kurzschreibweise, bei der man die Konfiguration des »letzten Edelgases« und die zusätzlichen Elektronen angibt. Also z.B.: Na: [Ne] $3s^1$ oder Br: [Ar] $4s^2$, $3d^{10}$, $4p^5$

Abbildung 2.4

Verschiedene Atome im Schalenmodell

Die Elektronen auf der äußersten angefangenen Schale sind für das chemische Verhalten eines Atoms verantwortlich. Sie heißen daher auch **Valenzelektronen** (abgekürzt VE; von lat.: valere = wert sein, Einfluss haben).

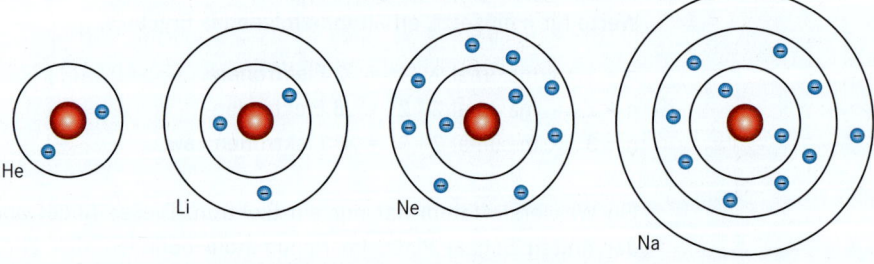

2.6 Orbitale

Phänomen

Fragt man nach der Dicke der Erdatmosphäre, so wird eine genaue Antwort schwierig. Der Luftdruck nimmt mit steigender Entfernung von der Erdoberfläche nämlich nicht kontinuierlich ab, sondern halbiert sich ca. alle 5500 m. Da sich die Kurve damit asymptotisch der x-Achse nähert, wird der Luftdruck rein mathematisch betrachtet auch in unendlicher Entfernung zur Erde nicht den Wert 0 erreichen. Eine klare Grenze zwischen Atmosphäre und Weltall existiert daher nicht.

Nach dem Term $x = 2n^2$ für die maximale Elektronenzahl pro Schale (s. S. 15) passen auf die zweite Schale acht Elektronen. Betrachtet man die Werte für die erste Ionisierungsenergie der Elemente der zweiten Periode (s. S. 32) genau, so erkennt man, dass sie in Stufen ansteigt. Die Elektronen der zweiten Schale können also nicht gleichwertig nacheinander aufgefüllt worden sein.

Elektronen können sich aufgrund theoretischer Überlegungen auch in sehr großer Entfernung vom Atom aufhalten. Ähnlich wie bei der Erdatmosphäre ist aber vor allem interessant, wo die Elektronen am häufigsten anzutreffen sind. Man hat daher willkürlich (wie bei der Atmosphäre) einen Raum abgegrenzt, in dem die Elektronen mit sehr großer Wahrscheinlichkeit anzutreffen sind. Dieser Raum wird als **Orbital** bezeichnet. Ein Orbital kann maximal zwei Elektronen enthalten. Die acht Elektronen der zweiten Schale müssen daher in vier Orbitalen angeordnet sein.

Die Orbitale werden nach ihrer räumlichen Grundstruktur in vier Typen eingeteilt: s-, p-, d- und f-Orbitale, von denen unterschiedlich viele Untertypen existieren (Tab. 2.2). Das s-Orbital ist stets kugelförmig um den Atomkern angeordnet (Abb. 2.5). Die anderen Orbitale haben kompliziertere Formen.

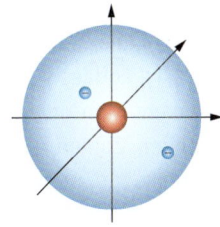

Abbildung 2.5
Kugelförmiges s-Orbital

Tabelle 2.2
Orbitale und ihre Untertypen

Orbital	Anzahl der Untergruppen	maximale Elektronenzahl
s	1	2
p	3	6
d	5	10
f	7	14

Abbildung 2.6
Schema der Orbitalbesetzung

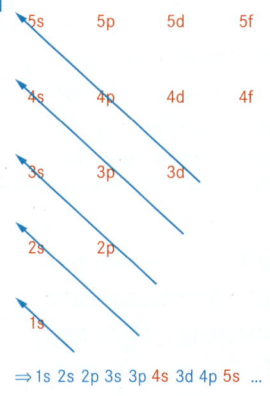

$\Rightarrow$ 1s 2s 2p 3s 3p 4s 3d 4p 5s ...

Die Orbitale werden im Periodensystem der Elemente (s. S. 19) nach dem in der Abbildung 2.6 angegebenen Schema besetzt. Eisen hat demnach beispielsweise folgende Elektronenkonfiguration: Eisen Fe: $1s^2$, $2s^2$, $2p^6$, $3s^2$, $3p^6$, $4s^2$, $3d^6$. Ab dem 19. Elektron gehorcht die Elektronenkonfiguration deshalb der in Kapitel 2.5 dargestellten Grundregel (s. S. 15) nur noch in groben Zügen.

Bei den Hauptgruppen des PSE (s. u.) kann man die Orbitalbesetzung sehr einfach ablesen: Alle Elemente der 2. Hauptgruppe haben das s-Orbital gerade aufgefüllt (Sonderstellung: Helium He).
Bei den Nebengruppen gibt es immer wieder Ausnahmen, z. B. beim Element Chrom Cr: [Ar] $4s^1$, $3d^5$. Offensichtlich ist es energetisch günstiger, die d-Orbitale zunächst einfach zu besetzen.

2.7 Das Periodensystem der Elemente

Phänomen

Die Chemiker Mendelejew und Meyer ordneten 1869 die damals bekannten Elemente nach der Atommasse. Es stellte sich heraus, dass verschiedene chemische Eigenschaften in periodischen Abständen wiederkehrten. Sie stellten diese Ergebnisse tabellarisch zusammen und kamen so zur ersten Darstellung des Periodensystems der Elemente (PSE).

Für den einführenden Unterricht sind vor allem die **Hauptgruppen** des Periodensystems wichtig (Abb. 2.7), sodass sich die folgenden Informationen darauf beschränken. Man unterscheidet acht Hauptgruppen, die mit römischen Zahlen bezeichnet werden. Alle Elemente einer Hauptgruppe stehen untereinander. Ihre Valenzelektronenzahl entspricht der Hauptgruppennummer (Ausnahme: Helium He). Deshalb zeigen sie ein vergleichbares chemisches Reaktionsverhalten, allerdings in abgestufter Ausprägung.
Alle Elemente nebeneinander gehören zu einer **Periode**. Sie haben wenige chemische Gemeinsamkeiten, da sie zu unterschiedlichen Hauptgruppen gehören.

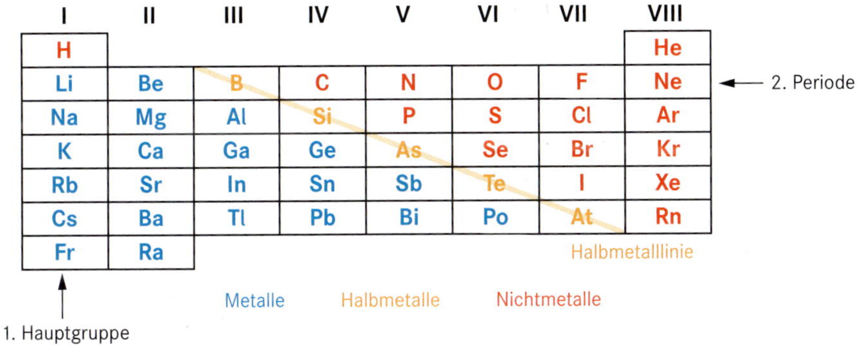

	I	II	III	IV	V	VI	VII	VIII
	H							He
	Li	Be	B	C	N	O	F	Ne
	Na	Mg	Al	Si	P	S	Cl	Ar
	K	Ca	Ga	Ge	As	Se	Br	Kr
	Rb	Sr	In	Sn	Sb	Te	I	Xe
	Cs	Ba	Tl	Pb	Bi	Po	At	Rn
	Fr	Ra						

← 2. Periode

Halbmetalllinie

Metalle   Halbmetalle   Nichtmetalle

↑ 1. Hauptgruppe

Abbildung 2.7
Die Hauptgruppen des PSE

Hinweis
Zu den Halbmetallen werden auch oft noch die Elemente Germanium (Ge), Antimon (Sb), Selen (Se) und Polonium (Po) gezählt.

In der Abbildung 2.7 befinden sich links und unten die **metallischen Elemente**. Dazu gehören auch alle Nebengruppenelemente, die in dieser Darstellung weggelassen sind. Rechts und oben befinden sich typische **Nichtmetalle**. Die Trennung erfolgt durch die sogenannte **Halbmetalllinie**, die diagonal durch das Feld des Siliciums läuft. Diese Linie ergibt keine klare Abgrenzung, da die Unterschiede fließend sind. Das heißt, dass die metallischen bzw. nicht-metallischen Eigenschaften umso stärker ausgeprägt sind, je weiter ein Element im PSE von dieser Linie entfernt ist. Ein vollständiges Periodensystem, das auch die Namen aller Elemente angibt, findet sich ganz hinten im Band.

Ähnliche Gesetzmäßigkeiten gelten auch für die Nebengruppen. Beispielsweise enthält die Nebengruppe I b die Edelmetalle Kupfer (Cu), Silber (Ag) und Gold (Au), während in der Gruppe II b die giftigen Schwermetalle Zink (Zn), Cadmium (Cd) und Quecksilber (Hg) zusammengefasst sind. In den Nebengruppen finden sich sehr wichtige Gebrauchsmetalle wie Eisen (Fe) oder Chrom (Cr), die im Alltag eine bedeutende Rolle spielen.

Panorama
Physik

Über die Zahl der existierenden Elemente finden sich unterschiedliche Angaben, da durch Reaktionen in Teilchenbeschleunigern neue, »künstliche« Elemente erzeugt wurden, die auf der Erde nicht vorkommen. Die meisten dieser schweren Atome sind jedoch so instabil, dass sie nur sehr kurze Zeit existieren. Daher »enden« viele Periodensysteme bei dem Element Meitnerium mit der Ordnungszahl 109.

2.8 Wichtige Hauptgruppen

I	II
H	
Li	Be
Na	Mg
K	Ca
Rb	Sr
Cs	Ba
Fr	Ra

Die 1. Hauptgruppe stellt die Familie der **Alkalimetalle** dar. Der Wasserstoff (H) hat eine Sonderstellung innerhalb der Gruppe. Alle Mitglieder besitzen nur 1 Valenzelektron.
Ihr Name deutet bereits die alkalische Reaktion an, die ihre Mitglieder bei der Verbindung mit Wasser aufweisen. Diese Reaktion verläuft innerhalb der Hauptgruppe immer heftiger. Lithium (Li) setzt sich mit Wasser nur langsam um, Cäsium (Cs) explodiert bei dem Kontakt mit Wasser. Aufgrund ihrer Reaktivität kommen diese Elemente auf der Erde nur in Form von Verbindungen vor, häufig als Salze.

III	IV	V
B	C	N
Al	Si	P
Ga	Ge	As
In	Sn	Sb
Tl	Pb	Bi

Die 4. Hauptgruppe oder Kohlenstoffgruppe (4 Valenzelektronen) hat keinen eigenen Namen. Ihre Elemente sind sehr verschieden, da die Halbmetalllinie (s. S. 19) durch die Gruppe verläuft. Elementarer Kohlenstoff (C) existiert als Graphit, Diamant und in Form der Fullerene. Wenn es von einem Element mehr als eine Zustandsform gibt, so spricht man von **Modifikationen** dieses Elements. Alle Kohlenstoff-Modifikationen enthalten nur Kohlenstoffatome, allerdings in unterschiedlicher Anordnung.
Kohlenstoff ist ein wichtiger Bindungspartner. Die meisten organischen Stoffe und damit auch die meisten Verbindungen, die den Zellstoffwechsel ausmachen, sind Kohlenstoffverbindungen. Silicium (Si) wird für die Herstellung von Solarzellen und Computerchips verwendet, während Zinn (Sn) und Blei (Pb) wichtige Gebrauchsmetalle darstellen.

V	VI	VII
N	O	F
P	S	Cl
As	Se	Br
Sb	Te	I
Bi	Po	At

Die Erzbildner oder **Chalkogene** sind alle Elemente der 6. Hauptgruppe (6 Valenzelektronen). Die meisten Metalle kommen auf der Erde nicht vorwiegend elementar, sondern in Form von Erzen vor. Dies sind häufig Oxide oder Sulfide, also Sauerstoff- oder Schwefelverbindungen der Metalle, aus denen sie in aufwendigen Prozessen in elementarer Form gewonnen werden. Selen (Se) hat eine wichtige Bedeutung bei der Bildung von Eiweißen in Zellen. Die bekannteste Bedeutung von Polonium (Po) liegt wahrscheinlich in seiner Verwendung als Zünder für Atombomben.

VI	VII	VIII
		He
O	F	Ne
S	Cl	Ar
Se	Br	Kr
Te	I	Xe
Po	At	Rn

Die **Halogene** oder Salzbildner befinden sich in der 7. Hauptgruppe (7 Valenzelektronen). Es handelt sich um farbige Elemente (Ausnahme: Fluor), die gasförmig sind (Fluor (F) und Chlor (Cl)) oder zumindest einen großen Dampfdruck haben (Brom (Br) verdunstet bereits bei Zimmertemperatur, Iod (I) sublimiert). Elementare Halogene existieren immer als Moleküle (X_2). Sie sind sehr reaktiv und liegen in der Erdkruste vorwiegend in Form von Salzen vor. Das Kochsalz (NaCl) ist der bekannteste Vertreter dieser Verbindungsklasse (s. S. 32).

VII	VIII
	He
F	Ne
Cl	Ar
Br	Kr
I	Xe
At	Rn

Die 8. Hauptgruppe repräsentiert die Elemente der **Edelgase**. Sie heißt deswegen so, da ihre Mitglieder bereits in der Edelgaskonfiguration mit 8 Valenzelektronen (Ausnahme Helium He: 2 VE) sind und daher kaum mit anderen Elementen reagieren. Sie verbinden sich auch nicht untereinander, sodass sie atomar vorliegen. Es handelt sich um farblose Gase, die bis auf Argon (Ar) (ca. 1 %) nur in geringen Konzentrationen in der Atmosphäre vorkommen. Sie finden als Füllgase für Lampen, als unreaktive Schutzgase und auch als Tauchgas (Helium (He)) Verwendung.

Von den übrigen Hauptgruppen sind eher einzelne Elemente zu erwähnen, die in Form verschiedener Verbindungen für Lebewesen größerer Bedeutung haben, wie Calcium (Ca), Magnesium (Mg), Phosphor (P) oder Stickstoff (N). Elementarer Stickstoff stellt mit 78 % auch den größten Bestandteil der Erdatmosphäre.

Grundbegriffe Kapitel 2

Element – Verbindung – Zersetzung – Analyse – chemische Formel – Koeffizient – Atomsymbol – Index – Diffusion – Atom – Molekül – Makromolekül – Ion – Kation – Anion – Kern-Hülle-Modell – Atomkern – Nukleon – Proton – Neutron – Elektron – Elektronenhülle – Nukleonenzahl – Protonenzahl – Ordnungszahl – Isotop – Elektronenkonfiguration – Hauptenergiestufe n – Schale – Valenzelektron – Orbital – Hauptgruppe – Periode – Metall – Nichtmetall – Halbmetall – Halbmetalllinie – Alkalimetalle – Modifikationen – Chalkogene – Halogene – Edelgase

3 Chemische Reaktionen

3.1 Chemische Reaktion und Stoffänderung

Phänomen

Wenn man pulverisiertes Kupfer und Schwefel miteinander vermengt, kann man bei genauem Betrachten noch beide Komponenten unterscheiden. Es liegt also ein Feststoffgemisch vor. Zündet man dagegen das Gemisch, so entsteht ein schwarzer, amorpher Stoff. Es handelt sich dabei um Kupfersulfid.

Abbildung 3.1
Synthese von Kupfersulfid im Teilchenmodell

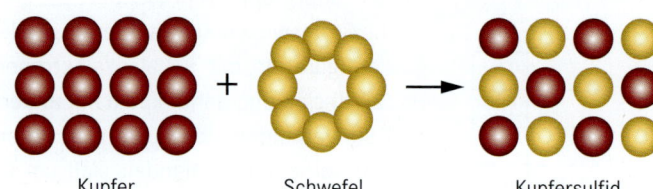

Kupfer   Schwefel   Kupfersulfid

Die Kenneigenschaften haben sich geändert, es ist also ein neuer Reinstoff mit den ihm eigenen Kenneigenschaften entstanden. Wie in der Abbildung 3.1 dargestellt, haben sich die Atome der Ausgangselemente neu angeordnet und bilden einen anderen Reinstoff, der vor der **chemischen Reaktion** noch nicht vorhanden war. Eine **Verbindung** ist entstanden. Die Reaktion heißt **Synthese**.

Sie kann nur durch eine andere chemische Reaktion wieder rückgängig gemacht werden. Diese Zersetzung eines Reinstoffes in seine Elemente heißt **Analyse** (s. S. 10). Eine einfache physikalische Trennung ist nur vor der Reaktion möglich, wenn die Elemente noch als Gemisch vorliegen. Dieser Unterschied erscheint möglicherweise unverständlich, da die beteiligten Atome ja vor und nach der Reaktion vorhanden sind. Es hängt also von ihrer Anordnung ab, welcher Stoff vorliegt.

Eine chemische Reaktion wird in der Chemie durch eine **Reaktionsgleichung** beschrieben. Die **Wortgleichung** für das oben genannte Beispiel lautet:

Kupfer + Schwefel → Kupfersulfid

Links vom Reaktionspfeil stehen die Ausgangsstoffe oder **Edukte**, rechts davon die gebildeten **Produkte**. In der Reaktionsgleichung werden die Stoffe üblicherweise durch ihre chemische Formel ersetzt, die Gleichung lautet dann:

$$Cu + S \rightarrow CuS$$

Beispiel

Diiodpentaoxid reagiert beim Erhitzen zu Iod und Sauerstoff. Wenn man in dieser Wortgleichung die Stoffe durch die chemischen Formeln ersetzt, stellt man fest, dass ein Fehler auftritt:

Diiodpentaoxid → Iod + Sauerstoff
$$I_2O_5 \rightarrow I_2 + O_2$$

Auf der linken Seite des Pfeils sind mehr Sauerstoffatome als auf der rechten Seite. Da bei einer chemischen Reaktion die Teilchen nur umgruppiert werden, muss man die Gleichung mithilfe von Koeffizienten »richtig stellen«, sodass die Atomzahl auf beiden Seiten ausgeglichen ist:

$$2\,I_2O_5 \rightarrow 2\,I_2 + 5\,O_2$$

Dazu gibt es auf S. 24 ein etwas aufwendiges, aber »todsicheres« Verfahren, das man wie ein Kochrezept Schritt für Schritt befolgen sollte.

Häufig ist es nicht möglich, eine gewünschte Verbindung direkt aus den Elementen zu erzeugen. Man lässt stattdessen zwei Verbindungen miteinander reagieren, die den gewünschten Stoff z. B. nach folgendem Schema erzeugen:

Hinweis

Das Symbol ↓ bedeutet: Kupferhydroxid ist schwerlöslich und fällt als Feststoff aus der Lösung aus. Die übrigen Stoffe liegen in gelöster Form vor.

$$AB + CD \rightarrow AC + BD.$$

Bei dieser Reaktion handelt es sich um eine **Umsetzung**, z. B. reagieren Natriumhydroxid und Kupfersulfat zu Natriumsulfat und dem schwerlöslichem Kupferhydroxid:

$$2\,NaOH + CuSO_4 \rightarrow Na_2SO_4 + Cu(OH)_2 \downarrow$$

Panorama

Zellbiologie

Der menschliche Körper erzeugt bei der Zellatmung Kohlenstoffdioxid. Auch dieses wird nicht in einer Synthese direkt aus den Elementen gewonnen, sondern in einer Vielzahl von Umsetzungen, die nacheinander stattfinden. Somit entsteht aus dem im Zucker gebundenen Kohlenstoff Kohlenstoffdioxid.

→ Methode

Reaktionsgleichungen richtig stellen

Aufgabe: Diiodpentaoxid reagiert beim Erhitzen zu Iod und Sauerstoff. Erstelle die zugehörige Formelgleichung.

1. **Wortgleichung formulieren:**
   Diiodpentaoxid → Iod + Sauerstoff

2. **Stoffe durch Formeln ersetzen:**
   $I_2O_5 \rightarrow I_2 + O_2$

3. **Für jeden Stoff eine andere Unbekannte als Koeffizient einfügen:**
   $a\,I_2O_5 \rightarrow b\,I_2 + c\,O_2$

Hinweis
Die Atomzahl ergibt sich als Produkt aus Koeffizient und Index (s. S. 11).

4. **Für jede Atomsorte getrennt folgende Bedingung aufstellen:**
   Atomzahl vor der Reaktion = Atomzahl nach der Reaktion

	Iod:	Sauerstoff:
	$a \cdot 2 = b \cdot 2$	$a \cdot 5 = c \cdot 2$
vereinfachen:	$2a = 2b$	$5a = 2c$

Hinweis
Die Schritte 1–7 sollte man auswendig lernen und in dieser Reihenfolge befolgen. Wenn man sofort sieht, wie die Gleichung richtig zu stellen ist, kann man den Prozess natürlich abkürzen, sofern es die Fragestellung erlaubt.

5. **Eine beliebige Unbekannte gleich 1 setzen und damit die anderen Unbekannten ausrechnen:**
   $a = 1 \Rightarrow b = 1$
   $a = 1 \Rightarrow c = 2{,}5$

6. **Koeffizienten in die Gleichung einsetzen und auf das kleinste ganzzahlige Verhältnis bringen:**
   $1\,I_2O_5 \rightarrow 1\,I_2 + 2{,}5\,O_2 \quad |\cdot 2$
   $2\,I_2O_5 \rightarrow 2\,I_2 + 5\,O_2$

7. **Kontrollieren, ob auf beiden Seiten die gleiche Anzahl von Atomen vorhanden ist:**
   Iod: $\quad 2 \cdot 2 = 2 \cdot 2$
   Sauerstoff: $\quad 2 \cdot 5 = 5 \cdot 2$

3.2 Chemische Reaktion und Energieänderung

Phänomen

Seit Jahrtausenden nutzen die Menschen die Wärme und das Licht von brennendem Kerzenwachs. Die Kerze alleine zeigt jedoch keine Reaktion und kann gefahrlos im Wohnzimmerschrank aufbewahrt werden. Erst das Anzünden macht die Kerze zur Kerze und setzt die Veränderungen in Gang.

Abbildung 3.2
Energiediagramm einer exothermen Reaktion

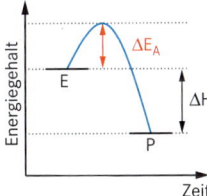

Sowohl Wärme als auch Licht sind Formen von Energie. Die brennende Kerze gibt also kontinuierlich Energie ab. Nach dem **Energieerhaltungssatz** muss die Energie bereits vorher vorhanden sein. Sie ist in chemischer Form in den Ausgangsstoffen (= Edukte) gespeichert. Wenn bei der Reaktion Energie abgegeben wurde, müssen die erzeugten Endstoffe (= Produkte) energieärmer sein als die Edukte. Die Differenz des Energiegehalts von Edukten und Produkten heißt **Reaktionsenthalpie**, die Abkürzung dafür ist ΔH (Einheit: kJ/mol).

Eine chemische Reaktion, bei der Energie (an die Umgebung) abgegeben wird, wird **exotherme Reaktion** genannt. Der Wert der Reaktionsenthalpie hat dann ein negatives Vorzeichen.

Abbildung 3.3
Energiediagramm einer endothermen Reaktion

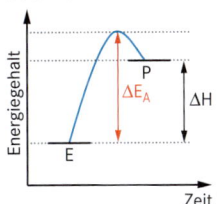

Dass die Kerze erst nach dem Anzünden brennt, bedeutet, dass man dem System eine gewisse Menge an Energie zuführen muss, bis die Reaktion von selbst weiter läuft. Dieser Energiebetrag heißt **Aktivierungsenergie** ΔE_A. Der Energiegehalt der Edukte steigt daher zunächst (Abb. 3.2).

Bei anderen chemischen Reaktionen muss ständig Energie von außen zugeführt werden, da der Energiegehalt der Produkte höher ist als der der Edukte. Man sagt, es wurde Energie aufgewendet oder gespeichert. Eine solche Reaktion heißt **endotherme Reaktion** (Abb. 3.3).

Panorama

Alltag

Die chemische Reaktion eines Sylvesterkrachers zeigt, dass Energie auf sehr verschiedene Art und Weise freigesetzt werden kann. Man sieht bei der Explosion einen Blitz (Licht), die Reste glühen (Wärme) und werden beschleunigt (Bewegungsenergie). Auch für den Knall (Schall) und zur Verdrängung der Luft ist Beschleunigungsarbeit nötig.

3.3 Katalyse

Phänomen

Wasserstoffperoxidlösung ist eine farblose Flüssigkeit. Gießt man etwas davon in ein Reagenzglas, so ist über lange Zeit keine Veränderung sichtbar. Dies ändert sich schlagartig, wenn man etwas Braunstein hinzufügt. Das Gemisch fängt an zu sprudeln und bei konzentrierter Wasserstoffperoxidlösung sogar an zu kochen. Die entstehenden Gasblasen lassen sich mit der Glimmspanprobe als Sauerstoff nachweisen.

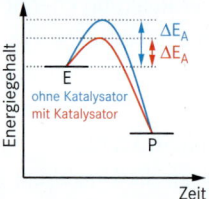

Abbildung 3.4
Energiediagramm einer Reaktion ohne und mit Katalysator

Das Besondere an dem Versuch ist, dass die Masse des Braunsteins während des Versuchs nicht abnimmt. Das heißt, dass der Stoff bei der Reaktion entgegen der Erwartung nicht verbraucht wird. Trotzdem findet in seiner Gegenwart eine Reaktion statt, die in seiner Abwesenheit nur extrem langsam abläuft.

Ein Stoff, der eine Reaktion beschleunigt, ohne dabei selbst verbraucht zu werden, heißt **Katalysator** (Abb. 3.4). Er wirkt katalytisch, indem er die Aktivierungsenergie senkt. Deshalb findet die Reaktion bereits bei einer niedrigeren Temperatur (in diesem Fall bereits bei Raumtemperatur) statt. Der Katalysator hat jedoch keinen Einfluss auf die Reaktion an sich. Es entstehen in beiden Fällen die gleichen Produkte, nur mit unterschiedlicher Geschwindigkeit.

Panorama
Zellbiologie

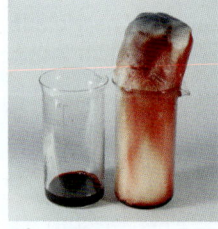

37 °C Körpertemperatur sind zu kalt, um alle chemischen Reaktionen des Körpers in ausreichender Geschwindigkeit zu ermöglichen. Die Zellen verfügen jedoch in Form der **Enzyme** über »Biokatalysatoren«, die für eine ausreichende Beschleunigung sorgen. Beispielsweise muss Wasserstoffperoxid aus der Zellatmung durch das Enzym Katalase schnell zersetzt werden, da es ein starkes Zellgift ist. Die Abbildung zeigt die Katalaseaktivität von Schweineblut. Gibt man Wasserstoffperoxid H_2O_2 zu (im Foto rechts), zersetzt die im Blut enthaltene Katalase dieses zu Sauerstoff O_2 und Wasser H_2O. Der gebildete Sauerstoff treibt die Flüssigkeit zu einem Schaum auf.

$$2\,H_2O_2 \xrightarrow{\text{[Katalase]}} O_2 + 2\,H_2O$$

3.4 Eigenschaften chemischer Reaktionen

Phänomen

Stellt man eine brennende Kerze auf eine Waage, wird sie »leichter«. Brennende Eisenwolle nimmt an Masse zu. Zündet man ein Streichholz in einem verschlossenen Glas, so ergibt sich keine Veränderung.

Bei allen Versuchen zeigt sich eine energetische Änderung. Der Energiegehalt eines Stoffes ist eine Kenneigenschaft. Wenn sich der Energiegehalt eines Stoffes ändert, muss sich auch der Stoff verändern und umgekehrt. Man kann daher von einer chemischen Reaktion ausgehen, wenn eine **Energieänderung** oder eine **Stoffänderung** beobachtbar ist. In der Regel finden beide statt, jedoch nicht unbedingt in einem Maße, dass eine Messung mit einfachen Mitteln möglich ist. Daher stellt eines der beiden Kriterien ein hinreichendes Merkmal für eine chemische Reaktion dar.

Hinweis

Daraus ergibt sich auch die Notwendigkeit, eine chemische Gleichung richtigzustellen (s. S. 24).

Bei chemischen Reaktionen werden nur Verbindungen zwischen Atomen geknüpft oder gelöst. Da bei den Energien der chemischen Reaktionen keine Kernumwandlungen stattfinden können, ändert sich dabei weder die Art noch die Anzahl der Atome. Wenn sich die Atomzahl nicht verändert, muss demnach auch die Gesamtmasse erhalten bleiben.

Hinweis

Trotzdem existieren mit Kohlenstoffdioxid (CO_2) und Kohlenstoffmonooxid (CO) verschiedene Sauerstoffverbindungen von Kohlenstoff. Bei verschiedenen Bedingungen können sich die Elemente also auch zu unterschiedlichen Verbindungen vereinigen.

Im oben geschilderten Versuch werden bei der Kerze aus dem Edukt Wachs gasförmige Produkte gebildet, die für die Wägung »verloren« gehen. Die brennende Stahlwolle bindet Sauerstoff aus der Umgebung und wird daher »schwerer«. Im geschlossenen System bleibt die Masse gleich (Streichholz). Daraus ergibt sich das Gesetz von der **Erhaltung der Masse**: Bei chemischen Reaktionen bleibt die Gesamtmasse von Edukten und Produkten konstant. Dies ist jedoch nur in einem geschlossenen System zu beobachten.

Eisen und Schwefel reagieren bei bestimmten Bedingungen in einem bestimmten Verhältnis zu Eisensulfid. Nimmt man mehr Eisen oder mehr Schwefel, bleibt das überschüssige Edukt übrig. Die Produktzusammensetzung ändert sich nicht. Diese Beobachtung wird als Gesetz der **konstanten Proportionen** bezeichnet.

3.5 Die Geschwindigkeit chemischer Reaktionen

Phänomen

Die Funken einer Wunderkerze reagieren augenblicklich, während es Jahre dauert, bis ein Autoblech durchrostet. Obwohl sich in beiden Fällen Metalle mit Sauerstoff verbinden, ist die Geschwindigkeit des Vorgangs sehr unterschiedlich.

Die Geschwindigkeit einer chemischen Reaktion wird definiert als Stoffänderung pro Zeit:

$$v = \frac{\Delta x}{\Delta t}$$

Hinweis

Je nach gemessener Größe ist die Einheit der Reaktionsgeschwindigkeit [v] = g/s bzw. ml/s bzw. mol/s.

Der Stoffumsatz kann dabei sehr unterschiedlich gemessen werden. Wird ein Feststoff verbraucht, so untersucht man eine Massenabnahme. Entsteht ein Gas, wird die Volumenzunahme bestimmt. Arbeitet man in wässriger Lösung, misst man die Konzentrationsänderung.

Nach der »Stoßtheorie« müssen zwei Teilchen unter einem bestimmten Winkel und mit einer Mindestgeschwindigkeit aufeinanderprallen, um die Abstoßung der gleichgeladenen Elektronenhüllen überwinden zu können. Auf der Basis dieser Theorie kann man für die **Reaktionsgeschwindigkeit** eine Abhängigkeit von mehreren **Faktoren** ableiten:

– Temperatur
  Die Temperatur eines Systems ist ein Maß für die mittlere Bewegungsenergie der vorhandenen Teilchen. Je höher die Temperatur, umso größer ist der Anteil der Teilchen, die die nach der Stoßtheorie nötige Mindestgeschwindigkeit besitzen. Es können also mehr Teilchen reagieren. Deshalb funktioniert Abwaschen mit heißem Wasser besser als mit kaltem.

– Konzentration bzw. Druck
  Ein Feuer wird durch Wind „angefacht". Chemisch bedeutet dies, dass mehr Luft (bzw. Sauerstoff) an den Reaktionsort gelangt. Damit steigt die Wahrscheinlichkeit, dass sich zwei Teilchen treffen. In einer wässrigen Lösung beschleunigt daher eine Konzentrationserhöhung die Reaktionsgeschwindigkeit. Für Gase hieße das entsprechend eine Erhöhung des Drucks.

- Zerteilungsgrad

Ein Eisenstück rostet nur außen, weil die inneren Atome vom Sauerstoff abgeschirmt sind. Deshalb können mehr Atome gleichzeitig reagieren, wenn der Würfel in kleine Stücke gesägt wird. Pyrophores Eisen ist so fein verteilt, dass es beim bloßen Kontakt mit der Luft anfängt zu glühen, ohne dass es angezündet werden müsste (Abb. 3.5). Den stärksten Zerteilungsgrad repräsentieren Gase oder aufgelöste Stoffe. Hier liegen die Teilchen einzeln vor und können von jeder Seite »angegriffen« werden.

- Katalysator

Auch Katalysatoren (s. S. 26) beschleunigen die Reaktionsgeschwindigkeit. Sie wirken durch die Senkung der Aktivierungsenergie. Damit haben bereits bei kleineren Temperaturen mehr Teilchen die nötige Geschwindigkeit erreicht als ohne Katalysator.

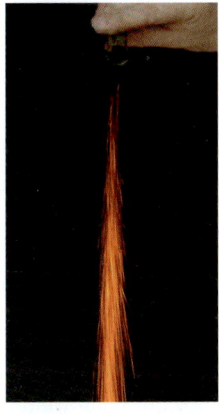

Abbildung 3.5
Pyrophores Eisen entzündet sich an Luft von selbst.

Panorama
Medizin

Die Schwangerschaft ist für den weiblichen Körper eine starke Belastung. Deswegen ist die Kerntemperatur einer schwangeren Frau auf 37,5 °C angehoben, damit der Stoffwechsel die nötige Zusatzleistung durch eine höhere Reaktionsgeschwindigkeit kompensieren kann.

3.6 Chemische Gleichgewichte

Phänomen

Wenn man zwei Elektroden in eine Zinkiodidlösung taucht und Gleichstrom anlegt, so entstehen an den Elektroden elementares Zink und Iod (s. S. 84). Entfernt man die Stromquelle nach einiger Zeit, so kann man an den Elektroden eine Spannung abgreifen, da sich die Elemente wieder zu Zinkiodid verbinden.

Dies ist nur ein Beispiel für eine umkehrbare chemische Reaktion. Weil ab Beginn der Reaktion Produkte vorhanden sind, die als Rückreaktion wieder zu den Edukten reagieren können, läuft eine Reaktion auch unvollständig ab. Damit kann man festhalten: Chemische Reaktionen verlaufen **reversibel** und **unvollständig**.

Da immer gleichzeitig Hin- und Rückreaktion stattfinden, stellt sich irgendwann ein Gleichgewicht ein, bei dem Hin- und Rückreaktion gleich schnell ablaufen. Das Verhältnis von Edukten und Produkten ändert sich nicht mehr, obwohl die Reaktion nicht still steht. Man nennt diesen Zustand auch **dynamisches Gleichgewicht**.

Diesen Vorgang kann man durch einen Modellversuch (Abb. 3.6) veranschaulichen: Ein volles und ein leeres Gefäß werden bereitgestellt. Nun nimmt man ein Glasrohr, stellt es in den vollen Zylinder, bis es gefüllt ist, verschließt oben mit dem Daumen und bringt die Flüssigkeit in den leeren Zylinder und umgekehrt. Dieser Vorgang wird viele Male wiederholt. Je weniger Flüssigkeit in einem Gefäß ist, desto weniger wird mit dieser Methode entnommen und desto mehr kommt hinzu. Die Folge davon ist, dass der Flüssigkeitsspiegel irgendwann ausgeglichen ist und sich nicht mehr ändert, obwohl noch weiter Flüssigkeit transportiert wird.

Bei einer chemischen Reaktion ist die **Lage des Gleichgewichts** (= das Verhältnis von Edukten und Produkten im Gleichgewicht) von den äußeren Bedingungen abhängig. Da ein Chemiebetrieb möglichst viel Produkte erhalten will, sucht man nach Möglichkeiten, die Lage des Gleichgewichts zu verschieben.

Le Chatelier formulierte dazu das **Prinzip des kleinsten Zwanges**. Es besagt, dass das Gleichgewicht auf eine Änderung der äußeren Bedingungen so reagiert, als »wollte es dem Zwang ausweichen bzw. ihn minimieren«.

Hinweis
Bei Gleichgewichtsreaktionen schreibt man den Gleichgewichtspfeil ⇌.

Abbildung 3.6
Modellversuch zum dynamischen Gleichgewicht

Dazu kann man sich folgende Regeln merken:
- Eine Temperaturerhöhung begünstigt die endotherme Teilreaktion und umgekehrt.
- Die Konzentrationserhöhung auf einer Seite verschiebt die Lage des Gleichgewichts auf die andere Seite, da die Wahrscheinlichkeit steigt, dass sich zwei Teilchen treffen und reagieren.
- Umgekehrt führt das Entfernen von Produkten zur Verschiebung der Lage des Gleichgewichts „nach rechts".
- Bei gasförmigen Stoffen bewirkt eine Druckerhöhung eine Verschiebung der Lage des Gleichgewichts auf die Seite der Reaktionsgleichung, auf der weniger gasförmige Teilchen vorhanden sind und umgekehrt.
- Ein Katalysator hat keinen Einfluss auf die Lage des Gleichgewichts, beschleunigt aber seine Einstellung. Dadurch können in der gleichen Zeit mehr Produkte gebildet werden.

Grundbegriffe

Kapitel 3

Chemische Reaktion – Verbindung – Synthese – Analyse – Reaktionsgleichung – Wortgleichung – Edukt – Produkt – Umsetzung – Energieerhaltungssatz – Reaktionsenthalpie – exotherme Reaktion – Aktivierungsenergie – endotherme Reaktion – Katalysator – Enzyme – Energieänderung – Stoffänderung – Erhaltung der Masse – konstante Proportionen – Reaktionsgeschwindigkeit – Faktoren – reversible Reaktion – unvollständige Reaktion – dynamisches Gleichgewicht – Lage des Gleichgewichts – Prinzip des kleinsten Zwanges

4 Salze

4.1 Ionisierungsenergie und Edelgasregel

Phänomen

Man stelle sich folgenden »Versuch« vor: Person 1 steht breitbeinig da, Person 2 stellt sich einbeinig auf die Zehenspitzen. Bei Person 1 wird man mehr Kraft benötigen, um sie umzustoßen, Person 2 kann man aufgrund der instabilen Position mit viel weniger Kraft aus dem Gleichgewicht bringen.

Die negativ geladenen Elektronen der Elektronenhülle werden durch die positive Ladung des Kerns angezogen. Da diese Wechselwirkung vom Abstand abhängt, sind äußere Elektronen schwächer gebunden als innere. Man kann ein Elektron unter Energieaufwand gegen die anziehende Kraft von einer inneren Schale **anregen**, sodass es auf eine weiter außen liegende Schale wechseln kann. Wenn man sehr viel Energie zuführt, kann sich das Elektron immer weiter weg bewegen, bis die Wechselwirkung so klein ist, dass das Elektron vom Atom abgespalten wird. Das Atom wurde ionisiert. Die dazu nötige Energie heißt **Ionisierungsenergie**.

Die Veränderung der Ionisierungsenergien zeigt im Verlauf des Periodensystems auffällige Regelmäßigkeiten (Abb. 4.1): Die Edelgase haben innerhalb einer Periode jeweils die größte Ionisierungsenergie, während die Alkalimetalle den kleinsten Betrag aufweisen. Das bedeutet in Analogie zu dem oben genannten »Versuch«, dass die Edelgase im Gegensatz zu den Alkalimetallen einen sehr stabilen Zustand aufweisen.

Abbildung 4.1

Ionisierungsenergien der Elemente Wasserstoff bis Strontium

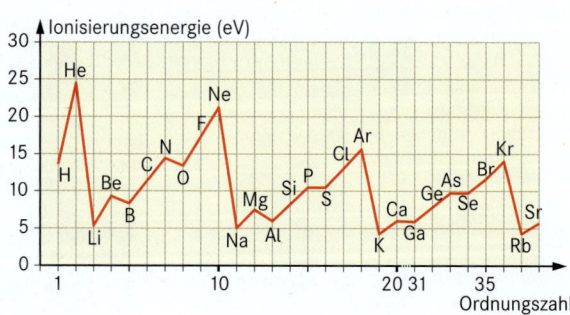

Hinweis

Bei einer chemischen Reaktion ändert sich nur die Elektronenzahl. Die Atome erreichen zwar die Edelgaskonfiguration, werden aber nicht zum Edelgas. Ein Chlorid-Ion ist im „Edelgaszustand", hat jedoch immer noch einen Chlor-Atomkern!

Interessanterweise erreichen einige Elemente in ihren Verbindungen die gleiche Elektronenkonfiguration wie die Edelgase, z. B. das Natrium-Kation Na^+: 1^2 2^8, das Neonatom Ne: 1^2 2^8 und das Fluorid-Anion F^-: 1^2 2^8. Man kann daraus schließen, dass die **Edelgaskonfiguration** die stabilste Elektronenanordnung ist. Die anderen Elemente »versuchen«, durch chemische Reaktionen diesen **Edelgaszustand** und damit die zugehörige Stabilität zu erreichen. Da dies acht Elektronen auf der äußersten Schale bedeutet (Ausnahme: Helium mit 2 Valenzelektronen), spricht man auch von der **Oktettregel**. Die Edelgase sind bereits in diesem Zustand und verbinden sich daher nur selten. Dies erklärt ihre Reaktionsträgheit und ihren atomaren Aufbau.

Panorama

Energie und Stabilität

Eine Kugel rollt den Berg von selbst hinunter, aber nur wieder hinauf, wenn man die nötige Energie zuführt. Sonst bleibt sie unten liegen. Sie scheint also einen stabilen (unteren) Zustand anzustreben. In Wirklichkeit fehlt ihr nur die Energie für den umgekehrten Vorgang.

4.2 Die Kochsalzsynthese

Phänomen

NaCl-Synthese

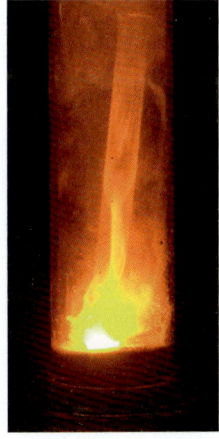

Bringt man erhitztes Natrium in eine Chlorgasatmosphäre, so ist eine heftige Reaktion zu beobachten. Es tritt ein intensives orangefarbenes Leuchten auf, das auf eine stark exotherme Reaktion hinweist. Nach der Reaktion ist das Glas milchig weiß beschlagen. Es ist ein Feststoff entstanden, der in Wasser löslich ist und eine elektrisch leitfähige Lösung ergibt.

Das Natriumatom hat im elementaren Zustand ein Valenzelektron und damit ein Elektron »zu viel« für die Edelgaskonfiguration. Beim Chloratom fehlt mit sieben Valenzelektronen ein Elektron zum Edelgaszustand.
Bei der Reaktion findet ein **Elektronenübergang** auf das Chloratom statt (Abb. 4.2). Da das Elektron eine negative Ladung »mitbringt«, ist das entstandene **Chlorid-Ion** negativ, das **Natrium-Ion** positiv geladen.

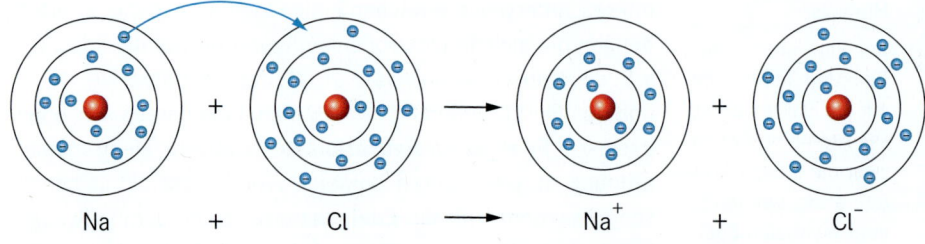

Abbildung 4.2
Schematische Darstellung des Elektronenübergangs bei der Kochsalzsynthese

Beide Ionen haben nun acht Valenzelektronen und damit die Edelgaskonfiguration erreicht (Abb. 4.2). Die Ionen verbinden sich im festen Zustand zu Kristallen. Es ist Kochsalz entstanden. Der chemische Name für diesen Stoff lautet **Natriumchlorid**.

Bei der Reaktion von Metallen und Nichtmetallen geben die Metallatome immer Elektronen ab, die Nichtmetallatome nehmen Elektronen auf (s. S. 76). Da elementares Chlor nur als zweiatomiges Molekül vorkommt, benötigt es zwei Elektronen für die Reaktion. Da jedes Natriumatom nur ein Elektron abgeben kann, sind zwei Natriumatome nötig. Diese Vorgänge kann man auch durch Reaktionsgleichungen beschreiben:

Hinweis

Es ist wichtig, sich den Unterschied zwischen Cl_2 und $2\,Cl^-$ bewusst zu machen. Im Chlormolekül (Cl_2) sind zwei Atome zu einem Teilchen verbunden. Die Chlorid-Ionen ($2\,Cl^-$) verhalten sich auch chemisch wie ein Edelgas und treten daher einzeln auf.

Teilgleichungen: $Cl_2 + 2\,e^- \rightarrow 2\,Cl^-$
$2\,Na \rightarrow 2\,Na^+ + 2\,e^-$

Gesamt: $2\,Na + Cl_2 + 2\,e^- \rightarrow 2\,Na^+ + 2\,e^- + 2\,Cl^-$
$2\,Na + Cl_2 \rightarrow 2\,Na^+ + 2\,Cl^-$

Atome, die zwei oder mehr Valenzelektronen haben oder »brauchen«, bilden entsprechend mehrwertige Ionen, wie Mg^{2+}, Al^{3+} oder O^{2-}.

Die geladenen Teilchen sind verantwortlich für die **Leitfähigkeit** der Lösung. Die große Energiemenge, die bei der Reaktion freigesetzt wurde, verdeutlicht, dass Kochsalz deutlich stabiler und damit weniger reaktiv ist als die Elemente, aus denen es entstanden ist.

→ **Methode**

Reaktionsgleichungen zur Salzsynthese aufstellen

Aufgabe: Beschreibe die Synthese von Lithiumoxid aus den Elementen mit einer vollständigen Reaktionsgleichung. Gib auch die Teilgleichungen an, die den Elektronenübergang darstellen.

1. Informationen über die beteiligten Elemente aus dem Periodensystem entnehmen und als Teilgleichung formulieren:

Lithiumatom: $_3$Li; 1. Hauptgruppe, 1 Valenzelektron
⇒ »muss« ein Elektron abgeben
$Li \rightarrow Li^+ + 1\,e^-$

Sauerstoffatom: $_8$O; 6. Hauptgruppe, 6 Valenzelektronen
⇒ »will« noch zwei Elektronen aufnehmen
$O_2 + 4\,e^- \rightarrow 2\,O^{2-}$

Hinweis

Sauerstoff kommt nur als zweiatomiges Molekül vor. Man braucht zwei Elektronen pro Sauerstoffatom, insgesamt also vier. Damit entstehen zwei Oxid-Ionen.

2. Teilgleichungen angleichen:

Da Sauerstoff nur Elektronen aufnehmen kann, wenn sie der Reaktionspartner zur Verfügung stellt, muss die Reaktion des Lithiums vier Elektronen liefern. Mathematisch bedeutet dies, die beiden Gleichungen auf das kleinste gemeinsame Vielfache der Elektronenzahlen zu bringen. In diesem Fall muss also die Teilgleichung des Lithiums vervierfacht werden:

$4\,Li \rightarrow 4\,Li^+ + 4\,e^-$
$O_2 + 4\,e^- \rightarrow 2\,O^{2-}$

3. Addieren der Teilgleichungen:

Man addiert nun alle Edukte (jeweils die linke Seite) und alle Produkte (jeweils die rechte Seite):

$4\,Li + O_2 + 4\,e^- \rightarrow 4\,Li^+ + 4\,e^- + 2\,O^{2-}$

Hinweis

Li und Li$^+$ unterscheiden sich chemisch stark. Sie sind also nicht gleich und dürfen nicht gegeneinander aufgerechnet werden.

4. »Kürzen«:

Alle Summanden, die auf der linken und rechten Seite vorkommen, darf man kürzen, in diesem Fall also die Elektronen:

$4\,Li + O_2 \rightarrow 4\,Li^+ + 2\,O^{2-}$ (Ionenschreibweise)
$4\,Li + O_2 \rightarrow 2\,Li_2O$ (Stoffebene)

4.3 Die Stoffklasse der Salze

Phänomen

Verwendet man für den auf S. 33 beschriebenen Versuch statt Natrium das Element Kalium, so sind fast die gleichen Phänomene zu beobachten. Die Reaktion verläuft jedoch wesentlich heftiger, unter Umständen sogar, ohne das Metall erhitzen zu müssen. Statt des intensiven gelben Lichts ist ein schwaches rot-blaues Leuchten zu beobachten. Wieder entsteht ein weißer Feststoff, der in seinen Eigenschaften Natriumchlorid sehr ähnlich ist. Es handelt sich um Kaliumchlorid.

Kaliumchlorid ist wie Natriumchlorid ein Salz. Das Kochsalz ist also nur der bekannteste Vertreter einer ganzen Stoffklasse, der **Salze**. Alle Salze bestehen aus Ionen, also geladenen Atomen oder Molekülen. Positiv geladene Ionen heißen **Kationen**, negativ geladene Ionen nennt man **Anionen** (s. S. 13). Die elektrostatische Wechselwirkung zwischen unterschiedlichen Ladungen hält die Ionen zusammen. Man bezeichnet diesen Bindungstyp als **Ionenbindung**.

Da diese Wechselwirkung zwischen einem Kation und allen in der Umgebung befindlichen Anionen besteht (und umgekehrt), ordnen sich die Ionen in sehr regelmäßiger Anordnung, einem **Ionengitter**, zu einem sehr großen Verband zusammen, einem **Salzkristall** (Abb. 4.3).

Abbildung 4.3

Kochsalzkristall: links Modell des Ionengitters, rechts Foto

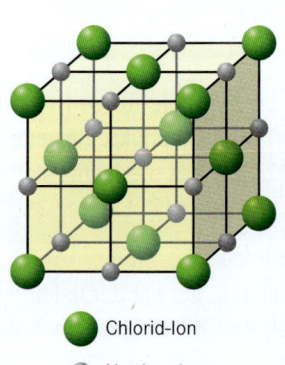

● Chlorid-Ion
● Natrium-Ion

Abbildung 4.4
Verschiedene Salzkristalle

Die Struktur der Anordnung und daher des Kristalls ist abhängig von der Größe der Ionen und ihrer Ladung und damit häufig charakteristisch für die Verbindung (Abb. 4.4). Die Ionenladungen eines Kristalls heben sich gegenseitig auf, da die Teilchen sich im umgekehrten Verhältnis ihrer Ladungen verbinden. Salze sind daher im festen Zustand ungeladen. Im Calciumbromid kommen beispielsweise auf jedes Ca^{2+}-Ion zwei Br^--Ionen. Entsprechend schreibt man für Salze eine **Verhältnisformel**, die angibt, in welchem Verhältnis die entsprechenden Ionen enthalten sind:

Natriumchlorid: Na^+- und Cl^--Ionen im Verhältnis 1 : 1
⇒ NaCl
Eisen(III)-sulfid: Fe^{3+}- und S^{2-}-Ionen im Verhältnis 2 : 3
⇒ Fe_2S_3

Ihre Ladung lässt sich deswegen vor allem nachweisen, wenn die Ionen durch Schmelzen oder Lösen vereinzelt werden. Die Leitfähigkeit der Lösung ist im Vergleich zu einem Metall jedoch deutlich schwächer ausgeprägt.
Bei der Bindung der Ionen zum Salzkristall werden große Energiemengen frei, die **Gitterenergie**. Diese begründet auch den stark exothermen Verlauf einer Salzsynthese aus den Elementen (s. S. 33). Trotz der relativ starken Ionenbindung sind Salze **brüchig**. Durch Verbiegung des Kristalls können gleichartige Ladungen nebeneinander zu liegen kommen, deren Abstoßung den Kristall sprengt.

Panorama

Medizin

Die Werbung versucht uns ständig zu vermitteln, dass der Körper »Eisen«, »Calcium«, »Magnesium« und andere Stoffe benötigt. Es handelt sich jedoch nicht um die elementaren Metalle, sondern um ihre Verbindungen, die als Mineralsalze bekannt sind. Eine ausgewogene Ernährung liefert auch ohne Zusatzpräparate alle nötigen Ionen.

4.4 Nachweise von Ionen

Auf jeder Mineralwasserflasche sind die Ionen aufgelistet, die im Wasser gelöst sind. Damit diese Angabe möglich ist, muss man Art und Menge der einzelnen Ionen exakt bestimmen.

Nachweise beruhen auf einem chemischen Reaktionsverhalten, das nur diesem Stoff zueigen ist (s. S. 5). Reagieren zwei Stoffe ähnlich, so muss weiter unterschieden werden. Beispielsweise reagieren Sulfide, Chloride und Carbonate mit Schwefelsäure unter **Entwicklung von** farblosen **Gasen**. Jedoch sind die Produkte relativ leicht eindeutig zu charakterisieren: Schwefelwasserstoff (aus Sulfiden) riecht nach »faulen Eiern«, Wasserstoffchlorid (aus Chloriden) färbt durch stark saure Reaktion eine Indikatorlösung und Kohlenstoffdioxid (aus der Reaktion mit Carbonaten) trübt Kalklauge (s. S. 54).

Eine weitere Nachweismethode besteht in der Bildung von schwerlöslichen **Niederschlägen**. Beispielsweise bildet sich aus grünlicher Nickelchloridlösung nach Zugabe von Dimethylglyoxim ein scharlachroter Feststoff, der in Wasser unlöslich ist. Man sagt, dass der Feststoff aus der Lösung ausfällt, da er sich am Boden absetzt (Abb. 4.5).

Auch durch Bildung farbiger Verbindungen lassen sich Ionen nachweisen. So bildet sich aus Kupfer(II)-Ionen mit konzentrierter Ammoniaklösung eine tiefblaue Komplexverbindung.

Phänomen

Auszug aus der Analyse des Münchner Trinkwassers (Quelle: Stadtwerke München), Angaben in mg/l:

Kationen		Anionen	
Na$^+$	3,7	Cl$^-$	7,9
K$^+$	< 1,0	SO$_4^{2-}$	18,2
Mg^{2+}	19,8	HCO$_3^-$	298
Ca^{2+}	74,3		

Abbildung 4.5
Nickelnachweis

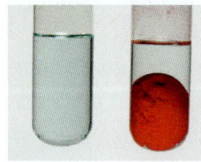

Tabelle 4.1
Zusammenfassende Darstellung einiger Ionennachweise

Ion	Nachweis
Halogenide	Fällung mit Silbernitrat, Unterscheidung durch Auflösen in Ammoniak
Carbonate	bilden mit Säure Kohlenstoffdioxid
Sulfate	Fällung als unlösliches Bariumsulfat
Phosphate	Fällung als Molybdophosphat
Na$^+$, K$^+$, Cu^{2+}, Ba^{2+} ...	Flammenfärbung
Schwermetallionen	Fällung im »Trennungsgang« als Sulfide
Pb^{2+}	Fällung als Bleiiodid, -chromat oder -sulfat

Abbildung 4.6

Flammenfärbung und zugehörige Emmisionsspektren (ohne Zusatz; Li⁺; Cu²⁺; Na⁺)

Für viele Metallkationen erweist sich die **Spektroskopie** von Flammenfärbungen als sehr empfindliche Nachweismethode. Dabei benutzt man die Tatsache, dass Elektronen durch Energiezufuhr z. B. im Bunsenbrenner angeregt werden können. Wenn sie vom angeregten Zustand wieder in den Grundzustand zurückkehren, wird die Energiedifferenz zwischen beiden Zuständen als elektromagnetische Strahlung abgegeben.

Da die Wellenlänge der Strahlung indirekt proportional zur Energie ist und jedes Atom unterschiedliche mögliche Elektronenzustände besitzt, ergibt sich für jedes Element ein **charakteristisches Spektrum** von abgestrahlten Energien. Wenn die Wellenlängen im sichtbaren Bereich liegen, färbt sich die Brennerflamme farbig (Abb. 4.6).

Panorama

Astronomie

Auch das Licht von entfernten Sternen kann man mit Spektroskopen analysieren und dadurch Rückschlüsse auf Elementzusammensetzungen des Plasmas ziehen. Häufig muss man dabei aber Spektren außerhalb des sichtbaren Bereichs untersuchen.

Grundbegriffe

Kapitel 4

Anregung – Ionisierungsenergie – Edelgaskonfiguration – Edelgaszustand – Oktettregel – Elektronenübergang – Chlorid-Ion – Natrium-Ion – Natriumchlorid – Leitfähigkeit – Salze – Kationen – Anionen – Ionenbindung – Ionengitter – Salzkristall – Verhältnisformel – Gitterenergie – brüchig – Gasentwicklung – Niederschläge – Spektroskopie – charakteristisches Spektrum

5 Metalle

5.1 Die Metallbindung

Phänomen

Man erkennt sofort, wenn ein Gegenstand aus Metall besteht. Die silbrig glänzende Oberfläche, eine hohe Dichte, die gute Leitfähigkeit für Wärme und elektrischen Strom sowie ihre elastische bzw. plastische Verformbarkeit begründen die Verwendung der Metalle in verschiedensten Hilfsmitteln des täglichen Gebrauchs, von der Fahrradspeiche über den Kochtopf bis zum Kupferkabel.

Wenn sich mehrere Metallatome verbinden, so haben sie – anders als bei der Verbindung mit Nichtmetallatomen – nicht die Möglichkeit, durch Elektronenübergänge die Edelgaskonfiguration zu erreichen, da kein Reaktionspartner vorhanden ist, der die abgegebenen Elektronen aufnehmen könnte. Es muss also eine andere Art der Bindung geben. Dieser Bindungstyp wird **Metallbindung** genannt und durch das **Elektronengasmodell** der metallischen Bindung beschrieben (Abb. 5.1). Nach dieser Vorstellung ordnen sich die Metallatome in einem sehr regelmäßigen Gitter an, wobei die Metallatome sehr nah aneinandergrenzen. Diese **dichte Kugelpackung** erklärt die große Dichte der Metalle.

Die Atome geben Valenzelektronen in die Zwischenräume ab, sodass sie zu positiv geladenen Atomrümpfen werden. Da alle Teilchen und damit alle Ladungen in dem Verband bleiben, ist der Metallpartikel (wie ein Salzkristall) nach außen insgesamt neutral geladen.

Die Elektronen bewegen sich frei dazwischen, sodass man in Anlehnung an die frei beweglichen Teilchen eines Gases von einem Elektronengas spricht. Die frei beweglichen Elektronen erklären die gute Leitfähigkeit der Metalle.

Die elektrostatische Anziehungskraft zwischen den positiven und negativen Ladungen hält den Verband zusammen. Die Elektronen wirken sozusagen wie eine Art »flüssiger Kleber«, der die positiven Atomrümpfe bindet. Durch den beweglichen »Kleber« sind die Atomrümpfe untereinander verschiebbar,

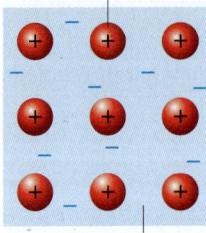

Abbildung 5.1
Elektronengasmodell
Metallatomrumpf (+)
Elektronengas (–)

sodass das Metall eine – je nach Kraft – elastische bzw. plastische Biegsamkeit aufweist. Da selbst das kleinste Metallstück viel zu viele Atome enthält, um einen Index bestimmen zu können, erhalten Metalle vereinfachend das Atomsymbol als chemische Formel: z. B. Fe = Eisen, Ni = Nickel, Na = Natrium.

> **Hinweis**
> Die Elektronenkonfiguration lässt sich in den Nebengruppen nicht so einfach bestimmen, da es viele Besonderheiten gibt.

Die Nebengruppen des Periodensystems enthalten die Übergangsmetalle, die nach ihrem chemischen Verhalten ebenfalls in Gruppen angeordnet sind. Beispielsweise enthält die Nebengruppe II b die giftigen Schwermetalle Zink, Cadmium und Quecksilber, die Nebengruppe I b die Edelmetalle Kupfer, Silber und Gold.

5.2 Herstellung und Reaktionen von Metallen

> **Phänomen**
>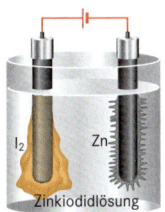

Zinkiodid ist ein weißer kristalliner Feststoff, der in Wasser eine farblose Lösung ergibt. Leitet man über zwei Elektroden Gleichstrom in die Lösung, so färbt sich das Wasser nach einiger Zeit an der Anode braun, an der Kathode ist ein grauer Überzug feststellbar (s. S. 84).

Die wenigsten Metalle kommen in elementarer Form auf der Erde vor. Es gibt jedoch verschiedene Verfahren, sie durch Analysen aus den Verbindungen zurückzugewinnen, die sie bei der Entstehung der Erde gebildet haben. Das Verfahren zur Herstellung eines Stoffes heißt in der Chemie auch **Darstellung** eines Stoffes.

Im geschilderten Versuch hat sich elementares Zink gebildet: $ZnI_2 \rightarrow Zn + I_2$. Da es so fein verteilt ist, ist statt des metallischen Glanzes nur ein grauer Überzug zu sehen. Die braune Farbe der wässrigen Lösung deutet auf elementares Iod hin.

Die meisten Metalle werden durch **Verhüttung** in Hochöfen oder ähnlichen Prozessen gewonnen. Dabei wird der bei der Analyse von Eisenoxid freigesetzte Sauerstoff durch Kohlenstoff in Form von Kohlenstoffdioxid gebunden:

$$2\,Fe_2O_3 + 3\,C \rightarrow 4\,Fe + 3\,CO_2$$

Abbildung 5.2

Thermitverfahren

Das Thermitverfahren (Abb. 5.2) ähnelt dem Hochofenprozess, nur wird statt Kohlenstoff elementares Aluminium verwendet. Es dient zur mobilen Erzeugung von Eisen – beispielsweise zum Schweißen von Gleisen. Je nach Ausgangsstoff existieren noch weitere Methoden, um elementare Metalle herzustellen wie die »Cyanidlaugerei« zur Gewinnung von Gold.

Zink gehört wie auch Natrium oder Magnesium zu den **unedlen Metallen**. Sie zeichnen sich gegenüber den sogenannten **edlen Metallen** wie Silber oder Gold dadurch aus, dass sie relativ leicht chemische Reaktionen eingehen (s. S. 82, 84). So lösen sich unedle Metalle in verdünnter Säure auf. Dabei bilden sich Wasserstoff und ein Salz, in diesem Fall Zinkchlorid:

$$Zn + 2\,HCl \rightarrow ZnCl_2 + H_2$$

Abbildung 5.3

Die Synthese ist die Umkehrung der Analyse:

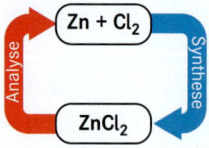

Dies stellt eine weitere Methode zur Herstellung von Salzen dar. Aus diesem Salz könnte man in einer Analyse wieder die Elemente Zink und Chlor gewinnen (Abb. 5.3).

Unedle Metalle reagieren in Anwesenheit von Wasser auch schnell mit Sauerstoff oder anderen Gasen, sie korrodieren (s. S. 87). Dabei bilden sich Metalloxide oder entsprechende andere Verbindungen, bei Eisen spricht man von Rosten. Auf Kupferdächern bildet sich die bekannte grün-schwarze Patina aus Kupferoxiden, -carbonaten und anderen Verbindungen.

Panorama

Geschichte

Die ersten Metalle, die von den Menschen verwendet wurden, waren vermutlich Edelmetalle sowie Eisen, das aus Meteoriten stammte. Erst die Entdeckung der Analyse ermöglichte die Verwendung anderer Metalle in elementarer Form. Mit der »Erfindung« der Bronze (Legierungen v. a. aus Kupfer und Zinn) endete ca. 3000 v. Chr. die Steinzeit. Das Element Eisen konnte erst ab der Eisenzeit (ca. 1000 v. Chr.) hergestellt und verarbeitet werden.

Grundbegriffe

Kapitel 5

Metallbindung – Elektronengasmodell – dichte Kugelpackung – Darstellung – Verhüttung – unedle Metalle – edle Metalle

6 Grundlagen molekularer Stoffe

6.1 Die Elektronenpaarbindung

Wasserstoff kommt bei Raumtemperatur nur als zweiatomiges Molekül (H_2) vor. Dabei tritt jedoch das umgekehrte Problem auf wie bei den Metallatomen: Beide Wasserstoffatome können nur dann als Nichtmetalle Elektronen aufnehmen, wenn ihnen ein Reaktionspartner Elektronen zur Verfügung stellt. Im Wasserstoffmolekül ist jedoch kein Metall gebunden. Daher »begnügen« sich die Wasserstoffatome mit folgender »Notlösung«: Beide Atome teilen sich die beiden vorhandenen Elektronen. Diese verbinden als **bindendes Elektronenpaar** die beiden Atome. Die negative Ladung der erhöhten Elektronendichte zwischen den positiven Atomrümpfen hält durch die elektrostatische Anziehung beide Atome zusammen.

> **Hinweis**
>
> Beim Wasserstoff sind die Begriffe Atomrumpf und Atomkern identisch, da sich die Valenzelektronen bereits auf der ersten, d. h. innersten Schale befinden.

Diese Bindung wird daher **Elektronenpaarbindung** genannt. Gleichbedeutend sind die Begriffe **kovalente Bindung** oder Atombindung. Sie verbindet Nichtmetallatome zu **Molekülen**. Moleküle werden üblicherweise in der **Valenzstrichformel** dargestellt. Dabei bedeutet ein Punkt ein einzelnes Elektron. Ein Strich symbolisiert ein bindendes oder ein nicht bindendes Elektronenpaar, das Wasserstoffmolekül schreibt man also:

$$H\cdot \; \cdot H \longrightarrow H-H$$

Obwohl beide Atome nur ein Elektron zur Verfügung gestellt haben, stehen ihnen nun praktisch zwei Valenzelektronen zur Verfügung, sie sind also faktisch in der Edelgaskonfiguration von Helium.

In ähnlicher Weise erreichen die beiden Chloratome des Chlormoleküls den Edelgaszustand von Argon. Sie besitzen bereits jeweils sieben Valenzelektronen. Durch das Teilen eines Elektronenpaars summieren sich ihre Valenzelektronenzahlen auf acht. Die übrigen sechs Valenzelektronen der Atome bleiben als sogenannte **freie** oder **nicht bindende Elektronenpaare** an der Bindung unbeteiligt:

$$|\overline{\underline{Cl}}\cdot \; \cdot \overline{\underline{Cl}}| \longrightarrow |\overline{\underline{Cl}}-\overline{\underline{Cl}}|$$

Das Sauerstoffatom besitzt »nur« sechs Valenzelektronen. Es muss sich also zwei Elektronenpaare teilen, um in den Edelgaszustand zu gelangen. Deshalb sind die Sauerstoffatome im Sauerstoffmolekül durch eine **Doppelbindung** verbunden:

$$\overline{\underline{O}}::\overline{\underline{O}} \longrightarrow \overline{\underline{O}}=\overline{\underline{O}}$$

Es ist auch möglich, dass sich ein Sauerstoffatom die nötigen bindenden Elektronenpaare mit mehreren Atomen teilt, wie es beispielsweise im Wassermolekül der Fall ist:

$$\underset{H \quad H}{|\overline{\underline{O}}|} \longrightarrow \underset{H \quad H}{\overline{\underline{O}}}$$

Bei der Elektronenpaarbindung »überlappen« zwei einfach besetzte Orbitale und bilden ein neues gemeinsames **Molekülorbital**. Die (negativ geladene) Elektronendichte wird dabei vor allem zwischen den (positiv geladenen) Atomrümpfen konzentriert, sodass die Anziehung der Ladungen die Atome zusammenhält.

Ähnlich wie sich zweiwertige (zweifach geladene) Ionen wie das Ca^{2+}-Kation und das Oxid-Ion im Verhältnis 1:1 verbinden, kann man auch für Nichtmetallatome eine **Wertigkeit** angeben. Diese wird definiert als die Zahl der Wasserstoffatome, die ein Atom normalerweise binden kann. Sauerstoff ist also zweiwertig (vgl. H_2O), Chlor dagegen einwertig (vgl. HCl).

Panorama

Analogie aus dem Alltag

Eine erfundene Geschichte zur besseren Vorstellung: Die Familien Meier und Huber haben gerade jeweils eine Doppelhaushälfte bezogen. Nun wünschen sie sich für die Vollendung des Gartens noch einen besonderen Baum. Der kostet als Sonderzüchtung jedoch 1000 €. Da sich beide mit der Finanzierung des Hauses aber fast überanstrengt haben, stehen beiden nur 500 € zur Verfügung. Daraufhin beschließen sie, sich die Anschaffung des Baumes zu teilen und diesen auf die Grundstücksgrenze zu pflanzen. Beim Blick aus dem Fenster haben sie nun beide das Gefühl, diesen Baum zu besitzen. Dabei spielt es keine Rolle, dass ihnen eigentlich nur jeweils die Hälfte des Baumes gehört.

→ **Methode**

Valenzstrichformeln aufstellen

Aufgabe: Erstelle die Valenzstrichformel der Verbindung Chlorethen (C_2H_3Cl).

Hinweis

VE = Valenzelektron,
BE = bindendes Elektronenpaar,
NBE = nicht bindendes Elektronenpaar

1. **Beteiligte Atome mit Valenzelektronen aufschreiben:**

   H·   H·   H·   ·Ċ·   ·Ċ·   ·C̈l:

2. **Differenz zur Edelgaskonfiguration ermitteln:**

   H: 1 VE ⇒ benötigt noch 1 VE ⇒ 1 BE
   C: 4 VE ⇒ benötigt noch 4 VE ⇒ 4 BE
   Cl: 7 VE ⇒ benötigt noch 1 VE ⇒ 1 BE
       ⇒ es bleiben 6 VE »übrig« ⇒ 3 NBE

3. **Bekannte Informationen verwenden:**

   a) Wasserstoff- und Chloratome stehen immer endständig
   ⇒ Kohlenstoffatome müssen zentral stehen

   b) Um die endständigen Atome zu binden, sind pro Kohlenstoffatom 2 BE nötig

   c) 1 BE hält die beiden Kohlenstoffatome zusammen

   d) Pro Kohlenstoffatom ist 1 VE übrig
   ⇒ schließen sich zu einem zweiten BE (= Doppelbindung) zusammen

   e) Am Chloratom sind 6 VE übrig
   ⇒ Verbinden sich zu 3 NBE

4. **Folgende Kontrollschritte sind sinnvoll:**

   a) Haben alle Atome die Edelgaskonfiguration erreicht (Wasserstoff: nur 2 VE)?

   b) Entspricht die Summe der BE und NBE der Summe der VE, die die einzelnen Atome insgesamt »mitbringen«?

6.2 Der räumliche Bau von Molekülen

Phänomen

Stellt man einen Würfel und einen Quader mit der gleichen Querschnittsfläche auf den Tageslichtprojektor, so sieht man an der Wand jeweils einen quadratischen Schatten, da bei der Projektion auf die zweidimensionale Leinwand die räumliche Information verloren geht.

Der gleiche Fehler geschieht beim Zeichnen einer Valenzstrichformel, da das Papier zweidimensional, Atome (und damit auch Moleküle) jedoch dreidimensionale Gebilde sind. Dazu kommt, dass sowohl freie als auch bindende Elektronenpaare durch die Elektronen gleich geladen sind und sich deshalb voneinander abstoßen. Dies führt zu einer räumlichen Anordnung der Elektronenpaare um das Zentralatom.

Die Anordnung erfolgt so, als ob die Elektronen »versuchen«, sich möglichst weit voneinander entfernt anzuordnen. Diese Vorstellung nennt man auch das **Elektronenpaar-Abstoßungs-Modell (EPA-Modell)**. In Abhängigkeit von der Anzahl der Elektronenpaare ergeben sich damit unterschiedliche räumliche Anordnungen:

- Der einfachste Fall für ein zweiatomiges Molekül ist das Wasserstoffmolekül (H_2). Es ist linear gebaut. Darüber hinaus gibt es nur ein Elektronenpaar, sodass keine Abstoßung stattfindet.
- Ein Beispiel für ein dreiatomiges Molekül ist das Kohlenstoffdioxidmolekül (CO_2). Beide Sauerstoffatome sind durch Doppelbindungen gebunden. Die Elektronen erreichen eine maximale Entfernung, wenn sie sich linear zum Zentralatom anordnen. Der Bindungswinkel beträgt dann 180°.
- Sind drei Atome an ein Zentralatom gebunden, so erreichen die Elektronenpaare einen maximalen Bindungswinkel von 120°, wenn sie sich in den Ecken eines gleichseitigen Dreiecks anordnen. Dies ist z. B. im Carbonat-Ion (CO_3^{2-}) der Fall. Alle vier Atome liegen dann in einer Ebene.
- Kommt wie im Methanmolekül (CH_4) noch ein fünftes Atom hinzu, ist es energetisch günstiger, wenn sich die vier Wasserstoffatome räumlich anordnen.

Im gebildeten **Tetraeder** beträgt der Bindungswinkel HCH jeweils 109°. Damit sind die Atome weiter voneinander entfernt als bei einer ebenen Anordnung.

- Das Gleiche gilt für das Ammoniakmolekül (NH$_3$), in dem im Vergleich zum Methanmolekül ein Wasserstoffatom durch ein nicht bindendes Elektronenpaar ersetzt ist. Da dieses etwas größer ist, werden die Wasserstoffatome weiter »nach unten gedrückt«, sodass der HNH-Winkel etwas kleiner als 109° ist.

Panorama
Medizin

Die räumliche Struktur ist entscheidend für die richtige Funktion eines Enzyms. So können Enzyme von zwei Molekülen, die räumlich exakt gleich, aber spiegelbildlich gebaut sind, nur eines umsetzen. Ein Beispiel ist das Schmerzmittel Thalidomid, das unter dem Namen »Contergan« Schlagzeilen machte. Das Originalmolekül ist ein wirksames Medikament, sein Spiegelbild verursacht jedoch schlimmste Nebenwirkungen.

6.3 Elektronegativität und polare Atombindung

Phänomen
Ablenkung eines Wasserstrahls durch einen geladenen Luftballon

Erzeugt man z. B. durch eine Bürette einen dünnen Wasserstrahl, so lässt sich dieser durch einen aufgeladenen Gegenstand, z. B. mit einem an Wolle geriebenen Luftballon, bis fast zur Waagrechten ablenken. Das gleiche Ergebnis erhält man auch mit destilliertem Wasser, das praktisch keine Ionen enthält. Es müssen also in den Wassermolekülen stabile Ladungen vorhanden sein. Wiederholt man diesen Versuch mit Benzin, so ändert sich an dem senkrechten Strahl nichts.

Wie in Kapitel 6.1 (s. S. 43) beschrieben, ändert sich bei der Bildung des bindenden Molekülorbitals die Elektronendichte so, dass deren Maximum zwischen den Atomrümpfen liegt. Bei symmetrischer Anordnung heben sich die negativen und positiven Ladungen nach außen auf. Das Molekül ist elektrisch neutral. Der beschriebene Versuch legt nahe, dass die Anordnung in den Wassermolekülen asymmetrisch erfolgt, sodass sich die Ladungen nicht aufheben.

Die Elektronendichte ist hier zum Sauerstoffatom hin verschoben, sodass dieses einen leichten Überschuss negativer Ladung erhält, während beim Wasserstoffatom entsprechend ein leichter Überschuss positiver Ladung verbleibt.

Die Eigenschaft eines Atoms, Elektronendichte aus einer Elektronenpaarbindung an sich zu ziehen, wird **Elektronegativität EN** genannt. Es handelt sich um eine dimensionslose Größe, die auf den Chemiker Pauling zurückgeht. Er ordnete dem Element Fluor, das die größte Elektronegativität besitzt, (willkürlich) den Wert 4 zu und verglich alle anderen Elemente mit diesem Eichwert.

> **Hinweis**
>
> In den meisten Periodensystemen sind diese EN-Werte angegeben. Allgemein kann man sich merken, dass die Werte in den Hauptgruppen nach links und unten abnehmen.

Übersteigt die Differenz der Elektronegativitäten der an einer Bindung beteiligten Atome den Wert 0,5, wie es beispielsweise beim Wasserstoffchloridmolekül der Fall ist, so ergibt sich eine **polarisierte Bindung**, bei der das elektronegativere Atom eine negative **Teilladung** ($\delta-$) trägt, das andere Atom eine positive Teilladung ($\delta+$). Es ist wichtig zu beachten, dass es sich nur um eine Teilladung handelt. Eine ganze Elementarladung trägt das Atom nur, wenn es ein Elektron vollständig abgibt oder aufnimmt, wie es beispielsweise bei den Ionen im Kochsalz der Fall ist:

	$\delta+$ $\delta-$	
H–H	H–Cl	$Na^+ + Cl^-$
elektrisch neutral	polarisierte Bindung	ganze Elementarladung

6.4 Intermolekulare Wechselwirkungen

> **Phänomen**

Sauerstoff ist bei Raumtemperatur ein farbloses Gas. Die Anziehung zwischen den Molekülen ist so klein, dass sie einzeln vorkommen. Bei Wasser sind die Moleküle bei der gleichen Temperatur jedoch zu einem Tropfen verbunden. Es sind beachtliche Energien nötig, um die Moleküle beim Verdunsten zu vereinzeln (s. S. 6).

Die **intramolekularen Kräfte**, die die Atome eines Moleküls zusammenhalten, wurden auf den letzten Seiten beschrieben. Die Siedetemperaturen legen nahe, dass es bei einigen Molekülen auch starke **intermolekulare Kräfte** geben muss, die

Abbildung 6.1

Intermolekulare Wechselwirkungen:
a) Van-der-Waals-Kräfte

b) Dipol-Wechselwirkungen

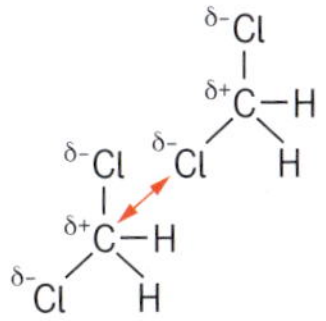

c) Wasserstoffbrücken

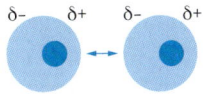

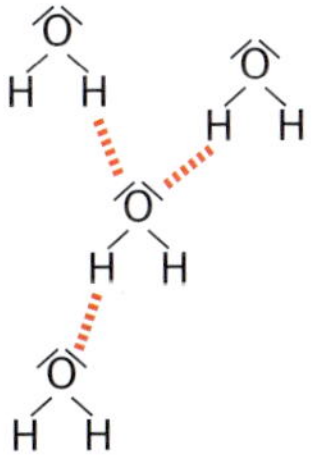

Panorama

Zellbiologie

die verschiedenen Moleküle eines Stoffs zusammenhalten. Davon gibt es drei unterschiedliche Typen, die im Folgenden – nach ihrer Stärke geordnet – beschrieben werden:

- **Van-der-Waals-Kräfte**
Die Elektronendichte der Molekülorbitale unterliegt stetigen, aber minimalen Schwankungen. Diese Asymmetrien der Ladungsverteilung induzieren im Nachbarmolekül ebenfalls eine leichte Asymmetrie unterschiedlicher Polung, die eine leichte Anziehung zur Folge hat (Abb. 6.1 a). Diese schwächste intermolekulare Kraft tritt bei allen Molekülen auf und ist abhängig von der Größe der Moleküle, da sie an deren Oberfläche entsteht.

- **Dipol-Wechselwirkungen**
Wenn bei Molekülen mit polarisierten Bindungen ein asymmetrischer Molekülbau vorliegt, so entsteht ein Molekül mit einem stabilen Dipol, also mit zwei »Enden«, die eine unterschiedliche Teilladung tragen. Da sich unterschiedliche Ladungen anziehen, ordnen sich die Moleküle immer mit den umgekehrt geladenen Seiten aneinander an (Abb. 6.1b). Die entstehende Wechselwirkung ist wesentlich stärker als die Van-der-Waals-Kräfte.

- **Wasserstoffbrücken**
Die stärksten intermolekularen Wechselwirkungen sind die Wasserstoffbrücken. Sie entstehen, wenn in Molekülen Wasserstoffatome an Fluor-, Sauerstoff- oder Stickstoffatome gebunden sind. Durch den großen Unterschied in der Elektronegativität entsteht ein Wasserstoffatom mit starker positiver Teilladung. Dieses an Elektronendichte »verarmte« Atom kann mit den freien Elektronenpaaren, die alle drei Elemente in Verbindungen meist aufweisen, sehr starke Wechselwirkungen eingehen (Abb. 6.1c).

Wasserstoffbrücken sind dafür verantwortlich, dass sich auf der Erde Zellen auf Wasserbasis entwickeln konnten. Gasförmiges Wasser könnte in der Zelle nicht als Lösungsmittel fungieren. Außerdem sorgen die Ozeane auf der Erde für ein – verglichen mit der Venus – recht ausgeglichenes Klima.

6.5 Lösungsvorgänge

Phänomen
Lösungsverhalten

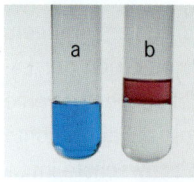
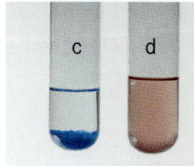

Kupfersulfatkristalle setzen sich in Wasser zunächst am Boden ab, da die Kristalle eine höhere Dichte haben. Nach einiger Zeit sind die Kristalle aufgelöst und nicht mehr sichtbar (a), obwohl die Ionen noch unverändert in der Lösung vorliegen. Gibt man hingegen Öl (in der Abbildung rötlich gefärbt) in Wasser, so bilden sich zwei Phasen, weil die Flüssigkeiten nicht mischbar sind (b). Verwendet man anstelle von Wasser jeweils Benzin als Lösungsmittel, so fallen die Kupfersulfatkristalle unverändert zu Boden (c), während sich das Öl löst (d).

Damit sich ein Stoff in einem Lösungsmittel auflösen kann, müssen zwischen den Molekülen des Lösungsmittels und den zu lösenden Teilchen Wechselwirkungen stattfinden, die so stark sind, dass sich die Lösung trotz des Einflusses der Schwerkraft nicht wieder entmischt.

Abbildung 6.2
Hydrathülle von
Cl⁻-Ion und Na⁺-Ion

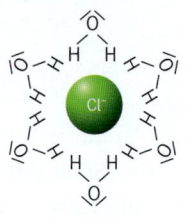
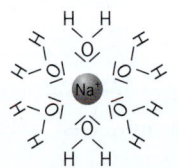

In Salzwasser ordnen sich die Wassermoleküle kugelförmig um die Ionen so an, dass sich die Molekülseite mit der negativen Teilladung – also der Sauerstoff – um die Kationen orientiert und umgekehrt. Man nennt diese Anordnung auch eine **Hydrathülle** (Abb. 6.2).
Da der Sauerstoff an dieser Stelle keinen Kontakt zu einem zweiten Wassermolekül aufnehmen kann, mussten beim Lösungsvorgang Wasserstoffbrücken gelöst werden. Das Auflösen von Kochsalz in Wasser ist deshalb endotherm (s. S. 25). Nur wenn die stattdessen auftretende Wechselwirkung zum gelösten Stoff stark genug ist, kann der Vorgang stattfinden. Bei einem Fettmolekül ist der Energiegewinn durch die möglichen Wechselwirkungen zum Wasser bescheiden. Es wird nicht »festgehalten« und steigt mit anderen Fettmolekülen als Fetttropfen nach oben.

Man unterscheidet daher zwei große Gruppen von zu lösenden Stoffen bzw. Lösungsmitteln: **Unpolare Stoffe** – also Stoffe, bei denen nur Van-der-Waals-Kräfte auftreten – sind in fettartigen Substanzen löslich, also **lipophil** (= **hydrophob**).

Polare Stoffe – also Stoffe mit Dipolwechselwirkungen oder Wasserstoffbrücken – lösen sich in Wasser oder verwandten Lösungsmitteln, sind also **hydrophil** (= **lipophob**). **Amphiphile** Stoffe wie Alkohol lösen sich sowohl in Wasser als auch in Benzin. Sie werden daher als Lösungsvermittler eingesetzt.

Panorama
Oberflächenvorgänge

Die Oberflächenspannung des Wassers ist für den Waschvorgang hinderlich, weil sich die Wassermoleküle »ungern trennen«. Seifenartige Stoffe erniedrigen die Oberflächenspannung, um die Benetzung mit Wasser zu erleichtern. Du kannst dieses Phänomen mit einer Büroklammer, einer Schale Wasser und etwas Spülmittel leicht nachweisen. Probiere selbst!

6.6 Wasser – ein besonderes Molekül

Phänomen

Im Frühling warten wir gerne darauf, dass »das Thermometer steigt«. Aus dem Physikunterricht wissen wir, dass sich dabei die im Thermometer eingeschlossene Flüssigkeit bei Erwärmung ausdehnt.

Abbildung 6.3
Schichtung von Wasser

Eigentlich beobachten wir, dass sich alle Stoffe bei zunehmender Wärme ausdehnen. Bei Flüssigkeiten bewegt sich diese Volumenzunahme durchschnittlich in der Größenordnung von 0,1 % pro Kelvin. Daher würden wir erwarten, dass kältere Flüssigkeiten eine höhere Dichte haben als der gleiche Stoff bei höherer Temperatur und deshalb darin absinken. Für Wasser gilt dies jedoch nur bei höheren Temperaturen. Die Abbildung 6.3 zeigt, dass heißes Wasser (rot gefärbt) aufschwimmt, während Eiswasser (blau gefärbt) absinkt.

Untersucht man die Dichte von Wasser bei verschiedenen Temperaturen, so stellt man fest, dass es bei 4 °C die höchste Dichte hat und dass bei der Bildung von Eis bei 0 °C ein sprunghafter Abfall der Dichte zu beobachten ist. Deswegen schwimmt ein Eiswürfel auf dem Wasser. Dieses Phänomen wird als **Dichteanomalie** bezeichnet. Die Ursache liegt in den Wasserstoffbrücken, die die Moleküle bei der Eisbildung in ein weiträumiges, regelmäßiges Gitter zwingen, wodurch die Dichte sinkt.

Abbildung 6.4

Wassertropfen

Abbildung 6.5

Wassernachweis

Wasserstoffbrücken halten die Moleküle auch im flüssigen Zustand so fest zusammen, dass es viel Energie kostet, sie zu trennen. Kleine Wassermengen runden sich daher zu Tropfen ab, weil die Kugel die kleinste relative Oberfläche aller Körper hat (Abb. 6.4) und so am wenigsten Moleküle ohne vollständige Hydrathülle sind. Das Phänomen heißt in der Alltagssprache auch die **Oberflächenspannung** von Wasser.

Die Wechselwirkung der Wasserstoffbrücken mit anderen Atomen kann auch zu einer Farbänderung führen. Beispielsweise ist Kupfer(II)-sulfat in trockenem Zustand ein grau-weißes Pulver, das sich bei Wasserzugabe hellblau färbt (Abb. 6.5). Da diese Färbung bei anderen Flüssigkeiten ausbleibt, ermöglicht dies einen Nachweis des Reinstoffes Wasser.

6.7 Trinkwasser für den Menschen

Phänomen

Der menschliche Körper besteht etwa zu $\frac{2}{3}$ seiner Masse aus Wasser. Das über Haut, Atmung und Exkretion »verlorene« Wasser muss täglich ersetzt werden, um einer Dehydrierung vorzubeugen. Dazu ist der Mensch auf sauberes Trinkwasser angewiesen.

Hinweis

Der Großteil des Trinkwassers wird nicht zum Trinken verwendet, sondern in der Toilettenspülung, zum Duschen und Baden, zum Wäsche Waschen ...
Der durchschnittliche tägliche private »Verbrauch« in Deutschland beträgt ca. 125 l pro Person.

Da alle Trinkwasserreserven über den globalen Wasserkreislauf miteinander verbunden sind, ist es wichtig, das in großen Mengen entstandene Schmutzwasser zu reinigen, damit die nachfolgenden Gewässer nicht belastet werden. Jedes natürliche Gewässer besitzt zwar eine natürliche Selbstreinigungskraft, wäre jedoch durch die ungeklärten Abwässer einer Stadt überfordert. Das Gewässer »kippt um«, der geringe Sauerstoffgehalt macht ein Überleben für Tiere unmöglich. Nur wenige Lebewesen können einen derartig anaeroben Lebensraum nutzen.
Um derartige Entwicklungen zu vermeiden, wurden in den letzten Jahrzehnten verstärkt **Kläranlagen** gebaut. Sie arbeiten in drei Stufen. In der mechanischen Stufe werden größere Partikel, Sand u. ä. herausgefiltert. Bakterien zersetzen in einer zweiten Stufe organische Bestandteile. In der dritten Stufe

werden Schwermetalle und ggf. andere Stoffe durch chemische Zusätze abgetrennt. Das Wasser, das dem Fluss zurückgeführt wird, sollte Trinkwasserqualität haben.

Panorama
Geografie

Während in unseren gemäßigten Breiten genügend Regen fällt, der durch den Boden auch vorgereinigt wird, ist die Versorgung in trockenen Gebieten häufig viel schwieriger. Aufwendige Bewässerungssysteme stellen zwar die Produktion von Nahrungsmitteln sicher, können jedoch zur Versalzung des Bodens und zur Absenkung des Grundwasserspiegels führen. Auch die Belastung des Wassers durch Krankheitserreger ist vielerorts ein Problem. Die Trinkwasserversorgung ist daher nach wie vor eine der zentralen globalen Herausforderungen für die Entwicklungshilfe.

6.8 Nachweise molekularer Stoffe

Phänomen

EPO (Erythropoietin) ist spätestens seit dem Doping-Skandal um die Tour de France wohl eines der bekanntesten Dopingmittel. Als Glycoprotein besteht es aus Nichtmetallatomen und hat eine molekulare Struktur. Dopingfahnder der ADA-Kommission müssen in der Lage sein, die minimalen Mengen dieser Moleküle, die ein Sportler mit dem Urin ausscheidet, nachzuweisen. Dazu sind sehr spezifische Reaktionen nötig.

Die Nachweisreaktionen für molekulare Stoffe basieren auf den gleichen Prinzipien, die für die Nachweise von Ionen vorgestellt wurden (s. S. 38). So sind Farbreaktionen (z. B. Blaufärbung von Indigocarmin durch Sauerstoff), Ausfällung schwer löslicher Verbindungen (z. B. Osazone) oder die Untersuchung der Redoxeigenschaften (z. B. Fehling-Reaktion, s. S. 109) gängige Verfahren. Folgende Nachweisreaktionen sind im Chemieunterricht sehr wichtig:
- **Knallgasprobe**: Man hält einen brennenden Span an ein Glas, in dem sich Wasserstoff befindet. Der Stoff entzündet sich an der Luft mit einem kleinen Knall (von der Menge abhängig).

– **Brennspanprobe**: Erlischt ein brennender Span sofort in einem Glas, handelt es sich um ein Gas, das die Verbrennung nicht unterstützt, und daher vermutlich um Kohlenstoffdioxid oder Stickstoff.
– **Glimmspanprobe**: Fängt ein glimmender Span in einem farblosen Gas an zu brennen, so handelt es sich um Sauerstoff, da dieser die Verbrennung unterstützt.

Andere Nachweisreaktionen für molekulare Stoffe wurden bereits im Biologieunterricht benutzt. Indem man Iodlösung auf Brot, Reis, Nudeln oder gestärkten Zellstoff tropft, kann man Stärke nachweisen. Iod und Stärke bilden zusammen einen blau-schwarzen Farbstoff (s. S. 118). Auch der Nachweis von Kohlenstoffdioxid (die sogenannte Kalkwasserprobe) beruht auf einer Kenneigenschaft dieses Gases. Dabei trübt sich farblose Kalklauge (s. S. 67) in Anwesenheit von CO_2 durch gebildetes $CaCO_3$.

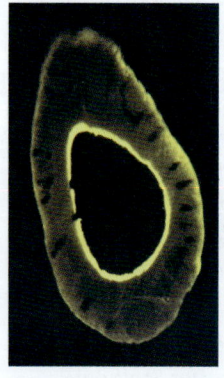

Abbildung 6.6
Nachweis eines bestimmten Eiweißes am inneren Rand einer Speicheldrüse mit Fluoreszenzfarbstoff

Für die Anforderungen an die moderne Analytik reichen diese Methoden jedoch nicht immer aus, da sie u. U. nicht empfindlich genug sind. Kleine Mengen von Eiweißen können effektiv mit Antikörperfärbungen nachgewiesen werden. Dazu werden die Eiweiße letztlich z. B. mit einem Fluoreszenzfarbstoff markiert, der im Mikroskop erkennbar ist (Abb. 6.6). Dieses Verfahren findet z. B. beim »HIV-Test« Verwendung, bei dem das Blut des Patienten auf Antikörper gegen das Virus untersucht wird.

Am empfindlichsten sind jedoch auch in diesem Fall die **spektroskopischen Methoden**. Ähnlich wie bei den Anregungsspektren der Ionen zeigen verschiedene Teile eines Moleküls eine Absorptionsaktivität im Infrarot-Bereich. Durch Schwingungsanregungen bei charakteristischen Atomkombinationen (sogenannte funktionelle Gruppen) wird Infrarotstrahlung verschiedener Wellenlänge absorbiert, die für die Anordnung im Molekül eindeutig ist.

Daneben existiert noch die NMR-Spektroskopie (= »nuclear magnetic resonance«). Diese Methode basiert auf den magnetischen Eigenschaften bestimmter Atome, die in einem star-

Abbildung 6.7

Ausschnitt aus einem NMR-Spektrum

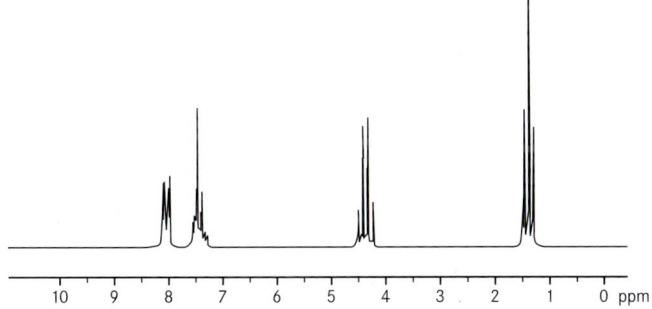

ken Magnetfeld gezielt angeregt werden, wodurch sie einen winzigen »Radioimpuls« (also elektromagnetische Strahlung sehr großer Wellenlänge) aussenden (Abb. 6.7). Die Analyse der Radioimpulse erlaubt Rückschlüsse auf die beteiligten Atome und ihre Verbindungen.

Panorama

Medizin

Die »Kernspin«-Untersuchung hat sich in vielen Bereichen der medizinischen Diagnostik etabliert, weil das Verfahren ungefährlicher ist als die Computer-Tomographie (= »CT«), die eine dauernde Röntgenbestrahlung nötig macht. Technisch steckt hinter dem Kernspin nichts anderes als die NMR-Technik. Die Radioimpulse der Wasserstoffatome werden hier geortet und in ein dreidimensionales Bild übertragen. Die »Röhre«, in die der Patient gefahren wird, enthält die Spulen der Elektromagneten, die das nötige Magnetfeld erzeugen.

Grundbegriffe

Kapitel 6

bindendes Elektronenpaar – Elektronenpaarbindung – kovalente Bindung – Molekül – Valenzstrichformel – nicht bindendes Elektronenpaar – Doppelbindung – Molekülorbital – Wertigkeit – EPA-Modell – Tetraeder – Elektronegativität EN – polarisierte Bindung – Teilladung – intramolekulare Kräfte – intermolekulare Kräfte – Van-der-Waals-Kräfte – Dipol-Wechselwirkungen – Wasserstoffbrücken – Hydrathülle – unpolar – polar – hydrophil – hydrophob – lipophil – lipophob – amphiphil – Dichteanomalie – Oberflächenspannung – Kläranlage – Knallgasprobe – Brennspanprobe – Glimmspanprobe – spektroskopische Methoden

7 Quantitative Aspekte

7.1 Atommasse und Avogadro-Konstante

Phänomen

Eine Tafel Schokolade hat eine Masse von 100 g, eine erwachsene Person ca. 80 kg, ein Auto ca. 1 t. Welche Dame würde ihr Körpergewicht, bzw. ihre Masse, mit 0,06 Tonnen angeben?

Merkhilfe

englisch unit = Einheit

Wie im Beispiel angegeben, verwenden wir im Alltag möglichst passende Einheiten, um die Zahlenwerte einfach zu halten. Bei der Bestimmung der winzigen Massen von Atomen oder Molekülen verwendet man daher die **Atommasseneinheit u**.

Hinweis

Im Periodensystem findet sich bei der Atommasse eine Dezimalzahl, da sie den Durchschnittswert der Nukleonenzahlen der verschiedenen Isotope (s. S. 14) repräsentiert.

Für die Bestimmung der Atommasse verwendet man folgende Vereinfachungen:
- Die Atommasse addiert sich aus den Massen der enthaltenen Elementarteilchen.
- Die minimale Massendifferenz zwischen Proton und Neutron wird vernachlässigt. Für alle Nukleonen wird daher die Masse 1 u angenommen.
- Elektronen werden wegen ihrer kleinen Masse vernachlässigt.

Damit kann die im Periodensystem angegebene Nukleonenzahl als Zahlenwert der Atommasse verwendet werden.

Beispiele

Berechnung von Teilchenmassen:
- 1 Neonatom ($^{20}_{10}$Ne) enthält 10 Protonen, 10 Neutronen und 10 Elektronen, hat also die Masse von
  $10\,u + 10\,u + 10 \cdot 0\,u = 20\,u$.
  Hier ist es sinnvoll, ein konkretes Isotop zu verwenden, da die Masse eines einzelnen Atoms keinen Durchschnittswert verschiedener Isotope darstellen kann.
- In einem Molekül addieren sich die einzelnen Atommassen der gebundenen Atome. Im CO_2-Molekül summieren sich z. B. die Massen des Kohlenstoffatoms (6 p$^+$, 6 n, 6 e$^-$) und der zwei Sauerstoffatome (mit jeweils 8 p$^+$, 8 n, 8 e$^-$) zu einer Gesamtmasse von 44 u.

- 1000 Neonatome: Bei dieser großen Zahl ist die mit 20,18 angegebene durchschnittliche Nukleonenzahl aus dem PSE zu verwenden. 1000 Neonatome haben also eine Masse von 20 180 u.

Da diese Massen zu klein sind, um Stoffe im Labor im Gramm-Bereich abwiegen zu können, hat man untersucht, wie viele Kohlenstoffatome nötig sind, um 12 Gramm auf die Waage zu bringen. Dies ergab die unvorstellbar große **Teilchenzahl N(X)** von $6,022 \cdot 10^{23}$ Atomen. Diese Anzahl von Teilchen heißt auch **Avogadro-Zahl**.

Hinweis

Folgende Schreibweise ist zu beachten: ein Mol, aber: 1 mol (vgl.: ein Kilogramm, aber: 1 kg).

Um bei der Angabe von absoluten Teilchenzahlen nicht mit diesen riesigen Zahlen hantieren zu müssen, wurde eine neue Größe eingeführt. Es handelt sich um die **Stoffmenge n(X)**, die mit der »Einheit« ein Mol angegeben wird. Ein Mol sind genau $6,022 \cdot 10^{23}$ Teilchen. Mol und Teilchenzahl werden durch die **Avogadro-Konstante** verknüpft:

$N_A = 6,022 \cdot 10^{23} \text{ mol}^{-1}$

Damit ergibt sich folgende Abhängigkeit:

$N(X) = n(X) \cdot N_A$

Diesen Zusammenhang kann man für Berechnungen benutzen.

Beispiel

Aufgabe: Berechne die Teilchenzahl in 3,3 mol Kohlenstoffdioxid.

Gleichung aufstellen:	$N(CO_2) = n(CO_2) \cdot N_A$
nach gesuchter Größe auflösen:	bereits der Fall
bekannte Größen einsetzen:	$N(CO_2) =$ $3,3 \text{ mol} \cdot 6,022 \cdot 10^{23} \text{ mol}^{-1}$
ausrechnen:	$N(CO_2) \approx 2 \cdot 10^{24}$ Teilchen

Panorama

Zeitgeschichte

Auf einem Markt wurden Eier früher im Dutzend (= 12 Stück) oder im Schock (= 60 Stück) verkauft. Beide Angaben sind keine echte Einheit, sondern nur eine Abkürzung für eine bestimmte Anzahl. Trotzdem kann man mit ihnen in einer Gleichung umgehen wie mit einer Einheit (z. B. kg oder kJ).

7.2 Die molare Masse

Phänomen

Wenn man auf dem Markt 600 g Kirschen für einen Kirschkuchen kaufen möchte, so wären bei einer Masse von ca. 6 g pro Kirsche 100 Kirschen nötig. Kauft man jedoch lauter »Zwillinge« (also immer zwei Kirschen auf einmal), so sind nur noch 50 Einheiten nötig, da jede Einheit doppelt so schwer ist.

Mathematisch bedeutet das, dass sich die nötige Anzahl der Kirschen aus dem Quotienten von Masse und Masse pro Einheit ergibt. Man kann die gleiche Überlegung auf die Atome anwenden: Die Teilchenmasse eines Wasserstoffatoms beträgt 1 u pro Teilchen. Um besser rechnen zu können, erweitern wir den Term mit dem Zahlenwert der Avogadro-Zahl:

$$\frac{1\,u}{1\,\text{Teilchen}} \cdot \frac{6{,}022 \cdot 10^{23}}{6{,}022 \cdot 10^{23}} \Rightarrow \frac{1\,g}{1\,\text{mol}}$$

Dieser Term bedeutet in Worten ausgedrückt Folgendes: Hat ein Teilchen die Masse 1 u, so hat ein Mol dieser Teilchen die Masse 1 g. Allgemein formuliert: $\frac{x\,u}{\text{Teilchen}} \Rightarrow \frac{x\,g}{\text{mol}}$. Die Größe, die angibt, welche Masse ein Mol eines Stoffes X hat, heißt die **molare Masse M(X)** mit der Einheit $\frac{g}{\text{mol}}$. Der Zahlenwert der Teilchenmasse und der molaren Masse ist identisch.

Da ein Gramm eines Stoffes so viele Teilchen enthält, kommen in dem Pool alle stabilen Isotope der beteiligten Elemente vor. Deshalb verwendet man wieder den im PSE angegebenen Durchschnittswert. Für die Berechnung einer molaren Molekülmasse addiert man einfach die Zahlenwerte für die beteiligten Atome aus dem Periodensystem:

$$M(HCl) = 1{,}01\,\frac{g}{\text{mol}} + 35{,}45\,\frac{g}{\text{mol}} = 36{,}46\,\frac{g}{\text{mol}}$$

Merkhilfe

$n(X) = \frac{m(X)}{M(X)}$:

Das kleine m »sitzt« auf dem großen Papa M.

Aus der Einheit der molaren Masse kann man ableiten, dass sich die molare Masse M(X) aus dem Quotienten der Masse des Stoffes m(X) und seiner Stoffmenge n(X) ergibt:

$M(X) = \frac{m(X)}{n(X)}$ oder umgeformt: $n(X) = \frac{m(X)}{M(X)}$

Mit dieser Beziehung kann man Stoffmengen und -massen berechnen.

Beispiele

Aufgabe: Welche Masse an Kohlenstoff muss man abwiegen, um 4 mol Kohlenstoff reagieren zu lassen?

Gleichung aufstellen: $\quad n(C) = \frac{m(C)}{M(C)}$

nach gesuchter Größe auflösen: $m(C) = n(C) \cdot M(C)$
bekannte Größen einsetzen: $m(C) = 4 \text{ mol} \cdot 12 \frac{g}{mol}$
ausrechnen: $m(C) = 48 \text{ g}$

Aufgabe: Wie viele Wasserteilchen sind in einem Wasserglas mit 200 ml enthalten? (1 ml Wasser $\triangleq$ 1 g)

Gleichung aufstellen: $\quad n(H_2O) = \frac{m(H_2O)}{M(H_2O)}$

nach gesuchter Größe auflösen: bereits richtig
bekannte Größen einsetzen: $n(H_2O) = \frac{200 \text{ g}}{18 \text{ g/mol}}$
ausrechnen: $n(H_2O) \approx 11 \text{ mol}$

7.3 Das molare Volumen

Phänomen

Wenn man in eine dünne PET-Flasche etwas heißes Wasser füllt, diese verschraubt, schüttelt und anschließend in Eiswasser stellt, wird sie wie von Zauberhand zerquetscht.

Hinweis

Vorsicht! Beim Experimentieren grundsätzlich eine Schutzbrille tragen! Es ist unwahrscheinlich, dass die Flasche splittert, aber nicht ausgeschlossen. Nur dünnwandige PET-Flaschen verwenden!

Der Versuch zeigt, dass der Druck in einer Gasmenge (in diesem Fall in der abgeschlossenen Flasche) von der Temperatur abhängt. Da der äußere Luftdruck die Flasche zusammen drückt, muss der Innendruck der Flasche mit der Abkühlung im Eiswasser abgenommen haben. Der Druck eines Gases ist also proportional zur Temperatur:

$p(X) \sim T$

Das Prinzip eines Heißluftballons zeigt, dass dies jedoch nur bei einem abgeschlossenen Volumen gilt, da sich sonst das erwärmte Gas ausbreitet.

Einen Fahrradreifen pumpt man so stark auf, bis sich der gewünschte Innendruck aufgebaut hat. Physikalisch formuliert bedeutet dies, dass die Erhöhung der Stoffmenge (in diesem

Beispiel der Luft) eine Erhöhung des Drucks zur Folge hat. Der Druck verhält sich also proportional zur Stoffmenge:

$p(X) \sim n(X)$

Wenn man die Pumpe vorne zuhält und den Stempel drückt, merkt man, dass sich ein Widerstand aufbaut. Der Druck steigt, wenn eine abgeschlossene Stoffmenge eines Gases auf ein kleineres Volumen komprimiert wird. Der Druck ist damit umgekehrt proportional zum Volumen:

$p(X) \sim \frac{1}{V(X)}$

Die drei Gleichungen kann man zu einem Term zusammenfassen:

$p(X) \sim n(X) \cdot \frac{T}{V(X)}$

Da man nicht alle Bedingungen auswendig lernen kann, hat man sich bei Gasen auf eine Temperatur von 0 °C und einen Druck von 1013 hPa als **Normalbedingungen** geeinigt. Bei diesen Bedingungen nimmt ein Mol eines beliebigen Gases ein Volumen von 22,4 l ein. Das Volumen von 22,4 $\frac{l}{mol}$ heißt daher auch das **molare Volumen V_m**. Dies entspricht einem Würfel von ca. 28,2 cm Kantenlänge.

Die Einheit führt wieder zu einem Term, der die Abhängigkeit von der Stoffmenge zeigt:

$V_m = \frac{V(X)}{n(X)}$ oder umgeformt: $n(X) = \frac{V(X)}{V_m}$

Mit dieser Gleichung lässt sich in analoger Weise rechnen wie mit der molaren Masse.

Panorama

Medizin

Dass die Stoffmenge mit dem Luftdruck sinkt, erfahren Bergsteiger, die sich in großen Höhen aufhalten. Da der Luftdruck bei 5500 m nur noch 50 % des Normaldrucks erreicht, hat der Körper weniger Sauerstoff zur Verfügung. Der Sauerstoffgehalt in der Luft beträgt zwar immer noch ca. 21 %, jedoch hat die Stoffmenge der Luft pro Volumen um 50 % abgenommen.

7.4 Rechnen mit Größengleichungen

Beim Rechnen mit sogenannten Größengleichungen macht man sich zunutze, dass man der Reaktionsgleichung verschiedene Aussagen entnehmen kann.

Beispiel

Analyse von Wasser zu Wasserstoff und Sauerstoff

Originalgleichung:

$2 H_2O \rightarrow 2 H_2 + O_2$

nach Erweiterung mit $6{,}022 \cdot 10^{23}$:

$2 \text{ mol } H_2O \rightarrow 2 \text{ mol } H_2 + 1 \text{ mol } O_2$

Die erste Gleichung beschreibt, dass zwei Moleküle Wasser zu zwei Molekülen Wasserstoff und einem Molekül Sauerstoff reagieren. Aus der zweiten Gleichung lässt sich folgendes Verhältnis ableiten: Zwei Mol Wasser reagieren zu zwei Mol Wasserstoff und einem Mol Sauerstoff.

Die Teilchen reagieren also im gleichen Verhältnis, unabhängig davon, wie viele Teilchen miteinander reagieren. Dieses Verhältnis wird durch die Koeffizienten vorgegeben. Wasser- und Sauerstoffmoleküle reagieren im angegebenen Beispiel im Verhältnis 2 : 1. Das bedeutet, dass für die Erzeugung von einem Sauerstoffmolekül zwei Wassermoleküle notwendig sind. Die Stoffmengen dieser Stoffe verhalten sich dann also ebenfalls wie 2 : 1. Dieser Quotient wird durch eine Größengleichung ausgedrückt. Mithilfe dieser Zusammenhänge kann man fehlende Angaben ausrechnen (s. S. 62).

Grundbegriffe Kapitel 7

Atommasse – Atommasseneinheit u – Teilchenzahl N(X) – Avogadro-Zahl – Stoffmenge n(X) – Mol – Avogadro-Konstante – molare Masse M(X) – Normalbedingungen – molares Volumen V_m

→ **Methode**

Rechnen mit Größengleichungen

Aufgabe: Berechne das Sauerstoffvolumen, das bei der Elektrolyse von 45 g Wasser bei Normalbedingungen entsteht.

1. Reaktionsgleichung formulieren:

$$2\,H_2O \rightarrow 2\,H_2 + O_2$$

2. Stoffmengenverhältnis entsprechend der Koeffizienten aufstellen:

$$\frac{n(\text{geg.})}{n(\text{ges.})} = \frac{n(H_2O)}{n(O_2)} = \frac{2}{1}$$

Hinweis

Bei Massenangabe oder -berechnung: Gleichung mit molarer Masse verwenden, bei Volumenangabe oder -berechnung: Gleichung mit molarem Volumen verwenden.

3. Stoffmengen durch entsprechende Terme ersetzen:

$$n(H_2O) = \frac{m(H_2O)}{M(H_2O)}; \quad n(O_2) = \frac{V(O_2)}{V_m}$$

$$\Rightarrow \frac{\frac{m(H_2O)}{M(H_2O)}}{\frac{V(O_2)}{V_m(O_2)}} = \frac{2}{1}$$

4. Nach gesuchter Größe auflösen:

$$V(O_2) = \frac{m(H_2O) \cdot V_m}{M(H_2O) \cdot 2}$$

5. Einsetzen und ausrechnen:

$$V(O_2) = \frac{45\,g \cdot 22{,}4\,\frac{l}{mol}}{18\,\frac{g}{mol} \cdot 2} = 28\,l$$

8 Protonenübergänge

8.1 Grundlagen von Säuren und Basen

Phänomen

Der Indikator Bromthymolblau färbt sich durch Kohlensäure gelb.

Viele Haushalte besitzen inzwischen Geräte, mit denen man Sodawasser selbst herstellen kann. Auf Knopfdruck werden Gasblasen in die Flasche gepresst. Wenn man den Druck ablässt, ist Wasser mit Kohlensäure entstanden, die einen Indikator färbt.

Das Gas, das aus der Gasflasche des Geräts strömt, lässt sich als Kohlenstoffdioxid nachweisen. Kohlenstoffdioxid ist ein Beispiel für ein **Nichtmetalloxid**. Nichtmetalloxide bilden mit Wasser **Säuren** – in diesem Fall Kohlensäure:

$$CO_2 + H_2O \rightarrow H_2CO_3$$

Die Kohlensäure entsteht also erst bei der Reaktion von Kohlenstoffdioxid mit Wasser. Die Aufschrift auf der Gaspatrone »Kohlensäure« ist daher nicht richtig und sollte durch »enthält Kohlenstoffdioxid« ersetzt werden.

Säuren haben typische Kenneigenschaften: Sie lösen unedle Metalle unter Bildung von Wasserstoff auf und schmecken **sauer**. (Dies gilt zumindest für verdünnte organische Säuren. Konzentrierte Schwefelsäure ließe von der Zunge und den Geschmackssensoren wenig übrig.)

Außerdem erkannte man früh, dass Säuren bestimmte Pflanzenfarbstoffe färben. Da man diese Farbstoffe aufgrund ihrer Farbänderung zum Nachweis der Säuren benutzen kann, nennt man sie **Indikatoren** (s. Tab. 8.1).

Merkhilfe

lat.: indicare = anzeigen

Löst man dagegen Natriumoxid in Wasser auf, so färbt sich zugegebener Indikator auf andere Weise. Es ist eine Lauge entstanden – in diesem Fall Natronlauge:

$$Na_2O + H_2O \rightarrow 2\,NaOH\,(aq)$$

Hinweis

Die Abkürzung (aq) bedeutet: in Wasser gelöst.

Metalloxide bilden in Wasser **Laugen**. Laugen sind Lösungen, die **basisch (= alkalisch)** reagierende Stoffe enthalten.

Indikator	mit Salzsäure	Wasser	mit Natronlauge
Blaukrautsaft	rot	violett	grün/gelb
Universalindikator	rot/orange/gelb	grün	blau/violett
Phenolphthalein	farblos	farblos	pink

Tabelle 8.1
Wichtige Beispiele für Indikatoren

Der stufenlose Farbübergang des Universalindikators zeigt an, dass es nicht nur saure, neutrale oder alkalische Lösungen gibt, sondern auch z. B. innerhalb des sauren Bereichs »unterschiedlich saure« Lösungen.

Eine Größe, die angibt, wie sauer oder alkalisch eine vorliegende Lösung ist, ist der **pH-Wert**. Ein pH-Wert von 7 kennzeichnet eine neutrale Lösung, also z. B. reines Wasser. Ein Wert unter 7 ist für eine Säure charakteristisch, ein Wert größer als 7 für eine Lauge. Die pH-Skala basiert auf einer logarithmischen Berechnung. Eine pH-Änderung um »eine Stufe« bedeutet also eine Verzehnfachung der Säure-Konzentration.

Panorama
pH-Werte im Alltag

Magensäure	1	Mineralwasser	5	Meerwasser	8
Zitronensaft	2	Hautoberfläche	5,4	Boden (auf Kalk)	8
Haushaltsessig	2	Urin	~ 6	Waschlauge	10
Cola	2	Blut	7,4	Abflussreiniger	14

8.2 Die chemische Natur einer Säure

Phänomen

Gibt man Silbernitratlösung zu Kochsalzlösung, fällt ein weißer Feststoff aus, der sich in verdünnter Ammoniaklösung wieder löst. Es handelt sich um Silberchlorid. Dieser Versuch gilt als Nachweis für Chlorid-Ionen. Das gleiche Ergebnis erhält man, wenn man Silbernitratlösung zu verdünnter Salzsäure gibt.

Der Nachweis des Chlorid-Ions beruht auf der folgenden chemischen Reaktion:

$$Ag^+ + Cl^- \rightarrow AgCl\downarrow$$

Der Nachweis von Chlorid-Ionen in der verdünnten Salzsäure erscheint zunächst unerklärlich. Verdünnte Salzsäure entsteht bei der Reaktion folgender Teilchen: HCl und H_2O. Beides sind molekulare Stoffe und keine Ionenverbindungen. Das Chlorid-Ion kann jedoch nur aus dem HCl-Molekül entstanden sein. Wenn sich daraus ein Cl^--Ion bildet, muss ein H^+-Ion übrig bleiben. Dieses ist in Lösung alleine jedoch nicht stabil und verbindet sich mit dem Wassermolekül zum **Oxonium-Ion** H_3O^+, welches charakteristisch für eine Säure ist.

> **Hinweis**
> Der pH-Wert (s. S. 64) ist als negativer dekadischer Logarithmus der Oxonium-Ionen-Konzentration definiert. Wegen des Terms (–log x) bedeutet ein kleinerer pH-Wert eine höhere Konzentration und umgekehrt.
> Bei pH = 7, also im neutralen Bereich, beträgt die Oxonium-Ionen-Konzentration folglich 10^{-7} mol/l.

$$HCl \rightarrow Cl^- + H^+$$
$$H^+ + H_2O \rightarrow H_3O^+$$
Gesamtgleichung: $HCl + H_2O \rightarrow H_3O^+ + Cl^-$

Wie man aus der Gesamtgleichung ablesen kann, ist es daher sehr vereinfachend, wenn auch sehr verbreitet, die Formel für Salzsäure mit HCl anzugeben. HCl (Wasserstoffchlorid) ist ein farbloses Gas, das in Wasser gelöst Salzsäure ergibt, deren Formel daher mit HCl(aq), oder besser noch mit H_3O^+(aq) + Cl^-(aq) angegeben werden sollte.

Das HCl-Molekül hat also ein Proton an das Wassermolekül abgegeben. Nach Johann Nicolaus **Brönsted**, einem dänischen Forscher (1879–1947), sind alle Säuren **Protonendonatoren**, die ein oder mehrere Protonen abspalten und auf eine Base übertragen können. Dieser Vorgang heißt **Protolyse** und ist charakteristisch für alle Säure-Base-Reaktionen. Von der Säure bleibt der **Säurerest** oder das **Säureanion** übrig (in diesem Fall das Chlorid-Ion, s. auch Tab. 8.2).

> **Hinweis**
> Das PO_4^{3-}-Ion heißt Phosphat-Ion. Sind noch restliche Wasserstoffatome gebunden, so wird das Ion als Hydrogenphosphat (HPO_4^{2-}) bzw. Dihydrogenphosphat ($H_2PO_4^-$) bezeichnet.
> (vgl. Tab. 8.2).

Mehrprotonige Säuren wie die Phosphorsäure können mehrere Protonen abgeben und benötigen daher mehrere Wassermoleküle als Reaktionspartner. Die Protolysegleichungen können entweder schrittweise angegeben werden oder als Gesamtgleichung:

$$H_3PO_4 + H_2O \rightarrow H_2PO_4^- + H_3O^+$$
$$H_2PO_4^- + H_2O \rightarrow HPO_4^{2-} + H_3O^+$$
$$HPO_4^{2-} + H_2O \rightarrow PO_4^{3-} + H_3O^+$$
Gesamtgleichung: $H_3PO_4 + 3\,H_2O \rightarrow PO_4^{3-} + 3\,H_3O^+$

Tabelle 8.2
Wichtige Säuren und ihre Anionen

Säure	erstes Anion	zweites Anion
Salpetersäure (HNO$_3$)	Nitrat-Ion (NO$_3^-$)	–
Kohlensäure (H$_2$CO$_3$)	Hydrogencarbonat-Ion (HCO$_3^-$)	Carbonat-Ion (CO$_3^{2-}$)
Schwefelsäure (H$_2$SO$_4$)	Hydrogensulfat-Ion (HSO$_4^-$)	Sulfat-Ion (SO$_4^{2-}$)

8.3 Die chemische Natur einer Lauge

Phänomen

Natronlauge ergibt mit Kupfersulfatlösung einen hellblauen Niederschlag von Kupferhydroxid. Dieser Versuch gilt als Nachweis für Hydroxid-Ionen (OH$^-$). Das gleiche Ergebnis erhält man mit sehr verdünnter Ammoniaklösung, deren alkalische Eigenschaften leicht mit einem Indikator nachgewiesen werden können.

Der Nachweis der Hydroxid-Ionen verläuft nach folgender Reaktionsgleichung:

$$Cu^{2+} + SO_4^{2-} + 2\,Na^+ + 2\,OH^- \rightarrow Cu(OH)_2\downarrow + 2\,Na^+ + SO_4^{2-}$$

Wie bei der Salzsäure (s. S. 65) ist die Bildung von Kupferhydroxid in der Ammoniaklösung zunächst nicht zu verstehen. Das Hydroxid-Ion kann nur aus dem Wassermolekül entstehen. Dies ist möglich, wenn das Ammoniakmolekül ein Proton aus dem Wassermolekül aufnimmt, dann bleibt ein Hydroxid-Ion übrig. Aus dem Ammoniakmolekül entsteht das Ammonium-Ion (NH$_4^+$):

$$NH_3 + H_2O \rightarrow NH_4^+ + OH^-$$

Das Ammoniakmolekül hat vom Wassermolekül ein Proton aufgenommen. Dies ist die charakteristische Eigenschaft aller **Basen**: Basen sind **Protonenakzeptoren**. Sie nehmen vom Reaktionspartner ein oder mehrere Protonen auf und bilden in wässriger Lösung **Laugen**. Deshalb werden alkalische Lösungen manchmal auch als **basisch** bezeichnet. Das charakteristische Teilchen einer Lauge ist das **Hydroxid-Ion OH$^-$**.

Dieses kann auf zwei verschiedene Arten gebildet werden: Entweder wird ein Hydroxid-Salz in Wasser gelöst, das die gebundenen Hydroxid-Ionen beim Lösen freisetzt. Dies ist z. B. bei der Natronlauge der Fall. Festes Natriumhydroxid ergibt beim Lösen in Wasser Natronlauge:

$NaOH \rightarrow Na^+(aq) + OH^-(aq)$

Die zweite Möglichkeit besteht darin, dass eine Base mit Wasser reagiert und ein Proton aufnimmt, sodass das Hydroxid-Ion aus dem Wasser entsteht. Das trifft bei der Reaktion des Ammoniaks zu (s. S. 66).

Tabelle 8.3
Wichtige alkalisch reagierende Stoffe

alkalisch reagierender Stoff	Lauge in wässriger Lösung
Natriumhydroxid NaOH	Natronlauge: $Na^+(aq) + OH^-(aq)$
Kaliumhydroxid KOH	Kalilauge: $K^+(aq) + OH^-(aq)$
Calciumhydroxid $Ca(OH)_2$	Kalklauge: $Ca^{2+}(aq) + 2\,OH^-(aq)$

8.4 Ampholyte

Wenn man die Rolle des Wassers als Reaktionspartner bei den folgenden Reaktionen genauer untersucht, stellt man fest, dass Wasser im ersten Fall als Säure reagiert, also ein Proton an Ammoniak abgibt, im zweiten Fall aber als Base von HCl ein Proton aufnimmt. Wasser kann also je nach Reaktionspartner als Säure oder Base reagieren. Stoffe mit dieser Eigenschaft heißen **Ampholyte**.

$$NH_3 + H_2O \rightarrow NH_4^+ + OH^- \qquad HCl + H_2O \rightarrow Cl^- + H_3O^+$$

Weitere wichtige Ampholyte sind manche Anionen von mehrprotonigen Säuren (s. S. 65). Beispielsweise kann das Hydrogencarbonat-Ion theoretisch noch ein weiteres Proton abgeben oder wieder ein Proton aufnehmen:

$$HCO_3^- + H_2O \rightarrow CO_3^{2-} + H_3O^+$$
$$HCO_3^- + H_3O^+ \rightarrow H_2CO_3 + H_2O$$

8.5 Die Säure-Base-Reaktion

Da eine Säure nur Protonen abgeben kann, wenn eine Base diese aufnimmt, können beide Vorgänge stets nur gekoppelt ablaufen. Man spricht daher von einer **Säure-Base-Reaktion**.

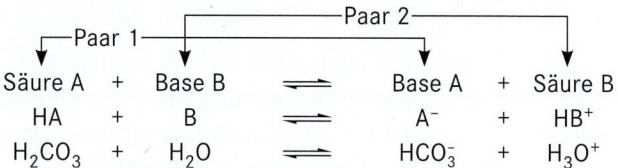

Eine neutrale Säure wird durch Protonenabgabe zum Anion. Da Protolysereaktionen (wie alle chemischen Reaktionen) reversibel, also rückwärts ablaufen können, kann das Anion als Base reagieren und somit wieder ein Proton aufnehmen.

Säure A und Base A bilden ein sogenanntes **korrespondierendes Säure-Base-Paar**. Die Neigung der Säure und ihrer korrespondierenden Base zu dieser Reaktion ist jedoch sehr unterschiedlich. Eine Faustregel besagt: Eine starke Säure hat eine schwache korrespondierende Base und umgekehrt eine schwache Säure eine starke korrespondierende Base.

8.6 Die Neutralisation

Phänomen

Versetzt man verdünnte Natronlauge, die mit Phenolphthalein pink gefärbt ist, unter ständigem Rühren tropfenweise mit verdünnter Salzsäure, so bilden sich nach einiger Zeit an der »Tropfstelle« farblose Schlieren, die aber nach kurzer Zeit wieder verschwinden. Plötzlich reicht jedoch ein weiterer Tropfen, um die ganze Flüssigkeit vollständig zu entfärben. Dampft man einen Teil der Lösung ein, so bleibt ein weißer Feststoff übrig, den man als Kochsalz identifizieren kann.

Das vorliegende Gemisch aus verdünnter Natronlauge und verdünnter Salzsäure enthält folgende Teilchen: Na^+, OH^-, H_3O^+, Cl^-. Da das Oxonium-Ion als Säure ein Proton abgibt und das Hydroxid-Ion als typische Base ein Proton aufnimmt, entstehen aus der Reaktion beider Teilchen zwei Moleküle Wasser:

$$OH^- + H_3O^+ \rightarrow H_2O + H_2O$$
$$\underset{H^+}{\longleftarrow\!\longrightarrow}$$

Da damit sowohl der saure als auch der alkalische Charakter der Ausgangslösungen verschwunden ist, reagiert die entstandene Lösung neutral. Es hat eine **Neutralisation** stattgefunden. Aus dem Na^+-Ion und dem Cl^--Ion entsteht – wie beschrieben – beim Eindampfen Kochsalz. Für die meisten Reaktionen dieser Art gilt daher: Bei der Neutralisation entstehen Wasser und ein Salz.

Die Gesamtreaktion lautet entsprechend:

$$Na^+ + OH^- + H_3O^+ + Cl^- \rightarrow \underbrace{Na^+ + Cl^-}_{NaCl} + 2\,H_2O$$

Salzsäure und Natronlauge reagieren nach dieser Gleichung immer im Verhältnis 1:1. Wenn bei dem oben beschriebenen Versuch Volumen und Konzentration der zugetropften Salzsäure bekannt sind, kann man daher die Stoffmenge der vorliegenden Natronlauge bzw. über deren Volumen auch ihre Konzentration bestimmen oder umgekehrt. Diese Messmethode heißt **Titration** und dient zur Bestimmung unbekannter Säure- oder Laugemengen im Labor (s. S. 70).

Panorama

Umwelttechnik

In den 1980er Jahren gingen Schlagzeilen über die »Verklappung« von Dünnsäure in der Nordsee durch die Presse. Inzwischen müssen Säureabfälle aus Laboren oder aus der Industrie vor der Entsorgung neutralisiert werden. Dazu werden die Säuren mit entsprechenden Laugenmengen (bzw. umgekehrt für Laugenabfälle) versetzt und können dann in der Regel als harmlose Salzlösung entsorgt werden.

→ **Methode**

Rechnen bei Titrationen

Aufgabe: Bei der Titration von 100 ml Schwefelsäure werden 80 ml Natronlauge mit der Konzentration 0,2 mol/l verbraucht. Bestimme die Konzentration der Schwefelsäure.

1. Reaktionsgleichung aufstellen:

$$H_2SO_4 + 2\,NaOH \rightarrow 2\,H_2O + Na_2SO_4$$

2. Reaktionsverhältnis entnehmen:

Entsprechend den Koeffizienten in der Gleichung reagieren Säure und die Lauge im Stoffmengenverhältnis 1:2.

Hinweis

Das Stoffmengenverhältnis immer als (Doppel-)Bruch schreiben

3. Stoffmengenverhältnis aufstellen:

$$\frac{n(H_2SO_4)}{n(NaOH)} = \frac{1}{2}$$

mit $n(X) = c(X) \cdot V(X)$ ergibt sich:

$$\frac{c(H_2SO_4) \cdot V(H_2SO_4)}{c(NaOH) \cdot V(NaOH)} = \frac{1}{2}$$

4. Nach der gesuchten Größe auflösen:

$$c(H_2SO_4) = \frac{1}{2} \cdot \frac{c(NaOH) \cdot V(NaOH)}{V(H_2SO_4)}$$

Hinweis

Konzentration in $\frac{mol}{l}$ und Volumina in l angeben

5. Einsetzen und ausrechnen:

$$c(H_2SO_4) = \frac{1}{2} \cdot \frac{0{,}2\,\frac{mol}{l} \cdot 0{,}08\,l}{0{,}1\,l} = 0{,}08\,\frac{mol}{l}$$

Die Konzentration der Schwefelsäure beträgt 0,08 mol/l.

8.7 Wichtige Säuren und Laugen

Abbildung 8.1
Konzentrierte Salzsäure »raucht« – es wird gasförmiges HCl freigesetzt.

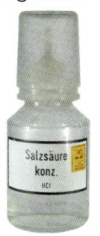

Salzsäure HCl(aq) ist eine saure Lösung, die beim Einleiten von Wasserstoffchlorid (HCl) in Wasser entsteht. HCl entsteht im Labor durch Einwirkung von konzentrierter Schwefelsäure auf Chloride, industriell als Abfallprodukt von anderen Synthesen.

Salzsäure wird im Labor häufig zum Ansäuern einer Lösung verwendet. Auch die Magensäure enthält 0,1 mol/l Salzsäure. Die Mischung aus konzentrierter Salzsäure (Abb. 8.1) und konzentrierter Salpetersäure heißt Königswasser, weil sie auch Gold auflöst.

Schwefelsäure H_2SO_4 ist in reiner Form eine farblose, ölige Flüssigkeit (Abb. 8.2), die sich in stark exothermer Reaktion in Wasser löst. Aufgrund ihrer sehr aggressiven Eigenschaften färbt sich die Flüssigkeit nach längerem Stehen durch organische Verunreinigungen bräunlich. Heiße Schwefelsäure löst sogar manche Edelmetalle auf. In der Industrie ist Schwefelsäure eine wichtige Gebrauchschemikalie für zahlreiche Synthesen.

Abbildung 8.2
Reine Schwefelsäure färbt sich bei längerem Stehen bräunlich.

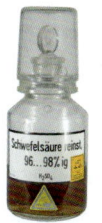

Salpetersäure HNO_3 entsteht industriell im Ostwald-Verfahren durch katalytische Oxidation von Ammoniak. Die gebildeten Stickoxide ergeben in Wasser u. a. Salpetersäure. Diese ist eine farblose, nach längerem Stehen auch gelbliche Flüssigkeit (Abb. 8.3), die in konzentrierter Form sehr reaktiv ist.

Sie dient zur Erzeugung von Dünger und Sprengstoffen und wird in der Kernenergie bei der Aufarbeitung alter Brennstäbe eingesetzt.

Abbildung 8.3
Konzentrierte Salpetersäure entwickelt braune Dämpfe.

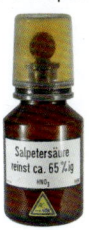

Phosphorsäure H_3PO_4 ist im Gegensatz zu den anderen Säuren bei Raumtemperatur ein Feststoff mit niedriger Schmelztemperatur. Am bekanntesten ist ihr Einsatz als Säurungsmittel in Cola-Getränken. Daneben wird sie in der Automobilindustrie zum Korrosionsschutz von Blechen eingesetzt. Ihre Salze, die Phosphate, dienen als Dünger und zur Herstellung von Pufferlösungen.

Abbildung 8.4

Verdünnte Natronlauge

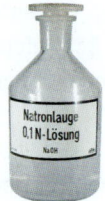

Natronlauge NaOH (aq) ist die bekannteste und vermutlich am häufigsten verwendete Lauge (Abb. 8.4). Sie entsteht als wässrige Lösung von Natriumhydroxid (NaOH), das bei der Elektrolyse (s. S. 84) von Kochsalz entsteht.

In der anorganischen Chemie dient Natronlauge in verschiedensten Bereichen als Lösungs- und Aufschlussmittel. In der organischen Chemie wird sie beispielsweise für die Seifen-Herstellung benötigt.

Ammoniaklösung NH_3 (aq) entsteht aus der Lösung des farblosen Gases Ammoniak (NH_3) in Wasser. Es sind ca. 1 m³ Gas pro l Wasser löslich. 1913 gelang die großtechnische Erzeugung aus den Elementen im Haber-Bosch-Verfahren (s. S. 126). Nun war die Herstellung von Stickstoff-Düngern im großen Maßstab und – über die Weiterverarbeitung zu Salpetersäure – auch die Sprengstoffproduktion möglich. Damit wurde die Kriegsindustrie in Deutschland unabhängig vom Import des Chilesalpeters (KNO_3).

Grundbegriffe

Kapitel 8

Nichtmetalloxid – Säure – sauer – Indikator – Metalloxid – Lauge – basisch – alkalisch – pH-Wert – Oxonium-Ion H_3O^+ – Protonendonator – Protolyse – Säurerest – Säureanion – mehrprotonige Säure – Base – Protonenakzeptor – Lauge – basisch – Hydroxid-Ion OH^- – Ampholyt – Säure-Base-Reaktion – korrespondierendes Säure-Base-Paar – Neutralisation – Titration – Salzsäure HCl (aq) – Schwefelsäure H_2SO_4 – Salpetersäure HNO_3 – Phosphorsäure H_3PO_4 – Natronlauge NaOH (aq) – Ammoniaklösung NH_3 (aq)

9 Elektronenübergänge

9.1 Verbrennung und Brandbekämpfung

Phänomen

Jedes Kind macht irgendwann die Erfahrung, dass man mit einer Kerze einen Raum erleuchten und sich an ihr verbrennen kann. Dass die Kerze erlischt, wenn man ein Glas darüber stellt, lernt man bereits in der Grundschule.

Die Reaktion eines brennbaren Stoffes an der Luft unter Licht- und Feuererscheinung heißt Verbrennung. Als Reaktionspartner dient der elementare Sauerstoff aus der Luft. Bei der Reaktion bilden sich Sauerstoffverbindungen, sogenannte **Oxide**.

Wiederholt man den oben genannten Löschversuch mit einer Wunderkerze, so stellt man fest, dass sie weiterbrennt, obwohl ein Reagenzglas darübergehalten wird. Da bei der Reaktion trotzdem Oxide entstehen, muss der Sauerstoff im Material der Wunderkerze gebunden sein. Der nötige Sauerstoff wird also erst im Laufe der Reaktion aus den Edukten freigesetzt.
Obwohl bei der Wunderkerze eine exotherme Reaktion stattfindet, startet die Reaktion nur durch Anzünden, also durch Zufuhr von Aktivierungsenergie (s. S. 25). Diese kann durch eine Zündung geschehen. Es ist jedoch auch möglich, die Umgebung so stark aufzuwärmen, dass der Stoff ohne Zündung von selbst anfängt zu brennen. Die dafür nötige Temperatur heißt Entzündungstemperatur. Die Abbildung 9.1 veranschaulicht noch einmal die nötigen **Bedingungen für eine Verbrennung**:

Abbildung 9.1
Bedingungen für eine Verbrennung

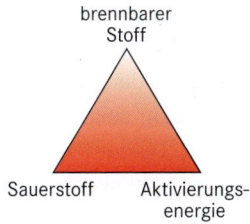

Alle drei Bedingungen eröffnen die Möglichkeit, einen Brand zu **löschen**.
- Ein Gegenfeuer, das bei einem Waldbrand gelegt wird, entzieht der Reaktion den brennbaren Stoff.
- Das bekannte Glas über einer Kerze verhindert den »Nachschub« von weiterem Luftsauerstoff, ähnlich wie Löschdecke oder Löschschaum.
- Wasser entzieht dem Feuer als Löschmittel die Aktivierungsenergie, indem es das Feuer unter die Entzündungstemperatur kühlt. Gleichzeitig verdrängt der entwickelte Wasserdampf den Luftsauerstoff.

Panorama
Geschichte

Schon vor ca. einer Million Jahren waren die menschlichen Vorfahren in der Lage, Feuer kontrolliert zu nutzen. Diese Fähigkeit unterstützte nicht nur den Jagderfolg und die bessere Verwertung der Nahrung, sondern als Treffpunkt möglicherweise auch die sozialen Fähigkeiten. Damit stellt der Gebrauch des Feuers vermutlich neben dem aufrechten Gang und der Sprachfähigkeit einen weiteren Meilenstein in der Evolution des Menschen dar.

9.2 Die Luft und ihre Bestandteile

Phänomen
Rostversuch

Benetzt man Eisenwolle in einem umgedrehten Reagenzglas, das unten durch eine Flüssigkeit abgeschlossen ist, mit Salzwasser, so steigt die Flüssigkeit nach einiger Zeit auf ca. 20 % des Volumens an und bleibt auf diesem Niveau stehen. Die Eisenwolle färbt sich schwarz und an einigen Stellen rostfarben. Hält man in das Restgas einen brennenden Span, so erlischt er sofort.

Die Bildung von Rost (= Gemisch aus verschiedenen Eisenoxiden) zeigt an, dass Eisen mit dem Luftsauerstoff reagiert hat. Da der Pegel nicht weiter als 20 % ansteigt und das Restgas erstickend wirkt, kann man darauf schließen, dass nur ca. 20 % der Luft aus Sauerstoff bestehen. **Luft** ist also kein Reinstoff, sondern ein **Gasgemisch** aus verschiedenen Komponenten (Tab. 9.1).

Tabelle 9.1
Zusammensetzung der Luft

Stoff	Anteil [%]	Formel
Stickstoff	78	N_2
Sauerstoff	21	O_2
andere Gase (im Wesentlichen Argon, Wasserdampf, Kohlenstoffdioxid und andere Spurengase)	1	Ar, H_2O, CO_2 ...

Die Zusammensetzung der Luft schwankte im Verlauf der Erdgeschichte stark. Elementarer Sauerstoff konnte sich erst anreichern, als Zellen durch Fotosynthese aus Wasser Sauerstoff freisetzten. Vulkanausbrüche schleuderten große Mengen auch gasförmiger Stoffe in die Atmosphäre. Durch die unterschiedlichen Temperaturen von Kalt- und Warmzeiten schwankte auch der natürliche Gehalt an Kohlenstoffdioxid.

Panorama
Technik

Luft lässt sich durch starke Abkühlung zu einer blauen Flüssigkeit kondensieren. Daraus gewinnt man durch Destillation die verschiedenen Bestandteile. Flüssiger Sauerstoff beispielsweise wird zum Antrieb von Raketen eingesetzt. Flüssiger Stickstoff hat eine Temperatur von –196 °C und wird in der Forschung als Kühlmittel benutzt, beispielsweise zum Schockgefrieren von Spermien für die künstliche Befruchtung.

9.3 Die Redoxreaktion

Phänomen

Elementares Natrium reagiert an der Luft zu Natriumoxid. Man bezeichnete daher eine derartige Reaktion nach dem ursprünglichen Namen für Sauerstoff (Oxygenium) als Oxidation.

Natriumatome geben in dieser Reaktion Elektronen an die Atome des Sauerstoffmoleküls ab, sodass die Atome als Natriumkationen bzw. Oxidanionen die Edelgaskonfiguration von Neon erreichen:

Teilgleichungen:
$$4\,Na \rightarrow 4\,Na^+ + 4\,e^-$$
$$O_2 + 4\,e^- \rightarrow 2\,O^{2-}$$

In Kapitel 4.2 (s. S. 34) wurde beschrieben, dass Natrium mit Chlor eine sehr ähnliche Reaktion eingeht, nur dass statt Natriumoxid das Salz Natriumchlorid entsteht:

Teilgleichungen: $Cl_2 + 2\,e^- \rightarrow 2\,Cl^-$
$2\,Na \rightarrow 2\,Na^+ + 2\,e^-$

Da in beiden Fällen bezüglich des Natriums die gleiche chemische Reaktion abläuft, hat man den Oxidationsbegriff allgemeiner definiert: Eine **Oxidation** ist eine Reaktion unter **Elektronenabgabe**.

Merkhilfe

Ein Putzmittel putzt nicht sich selbst, sondern einen anderen Gegenstand. Das Reduktionsmittel reduziert den Reaktionspartner und wird entsprechend selbst oxidiert. Das Gleiche gilt umgekehrt für das Oxidationsmittel.

Natrium benötigt in beiden Fällen einen Reaktionspartner, der die abgegebenen Elektronen aufnimmt (in diesem Fall also Sauerstoff bzw. Chlor). Die Teilreaktion, in der das geschieht, heißt **Reduktion**. Eine Reduktion ist eine Reaktion unter **Elektronenaufnahme**.

Der Begriff »Reduktion« kommt daher, dass man Metallionen (aus ihren Salzen) durch Reduktion in den elementaren Zustand »zurückführen« (lat. = reducere) kann. Zu Beginn der Eisenzeit entdeckten die Menschen, dass sie mit Holzkohle aus Eisenerz elementares Eisen erzeugen konnten. Im Prinzip werden Eisen und Stahl in modernen Hochöfen immer noch nach diesem Verfahren hergestellt (s. S. 41):

$2\,Fe_2O_3 + 3\,C \rightarrow 4\,Fe + 3\,CO_2$

Kohlenstoff dient hier als **Reduktionsmittel**. Er stellt den Eisenionen Elektronen zur Verfügung. Entsprechend ist das Eisenoxid (genauer: die Eisenionen) das **Oxidationsmittel**, das dem Kohlenstoff die Elektronen »entzieht«.

Da ein Atom Elektronen nicht »in die Ecke stellen kann«, müssen Oxidation und Reduktion immer gekoppelt stattfinden. Man spricht daher bei der Gesamtreaktion von einer **Redoxreaktion**. Für die Oxidation von Natrium lautet die Gesamtreaktion:

Gesamt: $4\,Na + O_2 + 4\,e^- \rightarrow 4\,Na^+ + 4\,e^- + 2\,O^{2-}$
$4\,Na + O_2 \rightarrow \underbrace{4\,Na^+ + 2\,O^{2-}}_{2\,Na_2O}$

9.4 Explosion und stille Oxidation

Phänomen

Ein Sylvesterkracher und eine dünne Kerze sehen (mit etwas Phantasie) relativ ähnlich aus. Trotzdem reagiert der Kracher nach dem Entzünden scheinbar plötzlich, die Kerze jedoch brennt langsam ab. Die unterschiedliche Reaktionsgeschwindigkeit lässt sich am besten anhand eines Versuchs erklären.

Gibt man ein paar Tropfen Ethanol in eine Dose und zündet den Inhalt – nach einer Wartezeit von ein paar Sekunden - durch ein Loch (Abb. 9.2), dann sprengt die erfolgte Explosion den Deckel der Dose weg. Das liegt daran, dass der Alkohol nach einiger Zeit verdunstet ist. Die Alkoholdämpfe mischen sich dabei mit der Luft in der Dose. Bei der Zündung reagiert zunächst nur die Umgebung der Flamme. Die freigesetzte Energie zündet immer mehr angrenzende Bereiche, sodass sich die Reaktion immer schneller im Gefäß ausbreitet.

Da bei der Reaktion gasförmige Produkte entstehen und diese durch die Reaktionswärme noch aufgeheizt werden und sich dadurch ausdehnen, baut sich bei geschlossenem Deckel ein immer größerer Druck auf. Wenn der Deckel dieser Kraft nicht mehr standhalten kann, presst der entstehende Druck den Deckel schlagartig weg.

Für eine **Explosion** müssen Sauerstoff und brennbarer Stoff bereits gemischt sein. Außerdem muss die Reaktion in einem abgeschlossenen System stattfinden, sodass sich ein großer Druck aufbauen kann. Beim Sylvesterkracher würde es viel zu lange dauern, bis der Luftsauerstoff den brennbaren Stoff erreicht. Der Sauerstoff liegt also – wie bei allen Sprengstoffen –

Abbildung 9.2
Ethanolverpuffung

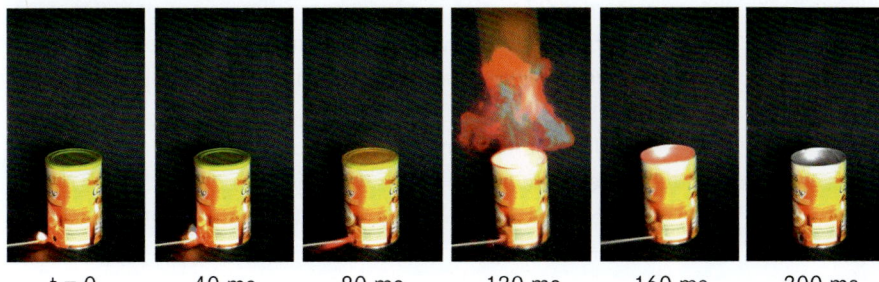

t = 0   40 ms   80 ms   120 ms   160 ms   200 ms

im Schwarzpulver in chemisch gebundener Form vor und wird erst bei der Reaktion schlagartig freigesetzt.

Bei der **stillen Oxidation**, wie beim Rosten von Eisen, finden – ohne Zündung – ähnliche chemische Prozesse statt, nur wird die Energie so langsam frei, dass kein Leuchten zu sehen ist.

Panorama
Technikgeschichte

Um Explosionen in Bergwerken durch austretendes Erdgas zu vermeiden, erfand der Chemiker Michael Faraday eine Grubenlampe. Sie besteht aus einer Kerze in einem Drahtkäfig, der die Energie einer erfolgenden Explosion schnell ableitet, sodass es nicht zu einer Ausbreitung der Flamme kommt. Wenn die Flamme der Kerze ausging, war das ein Zeichen zum schnellen Verlassen des Raumes.

9.5 Oxidationszahlen

Phänomen
Oxidation von Kupfer

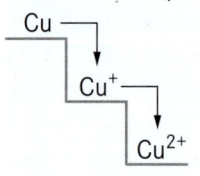

Je nach Reaktionspartner kann ein Atom verschieden viele Elektronen aufnehmen oder abgeben. Aus elementarem Kupfer entsteht beispielsweise in manchen Salzen das Kupfer(I)-Ion (Cu^+), in anderen Salzen das Kupfer(II)-Ion (Cu^{2+}).

Entsprechend der Abbildung nennt man diese verschiedenen Zustände auch **Oxidationsstufen**. Diese werden durch die sogenannte **Oxidationszahl** angegeben.

Merkhilfe
Bei einer Reduktion wird die OZ reduziert (= kleiner = »negativer«); entsprechend umgekehrt für eine Oxidation.

Die Oxidationszahl (OZ) gibt an, wie viele Elektronen ein Atom dieses Elements ausgehend vom elementaren Zustand aufnehmen oder abgeben musste, um den aktuellen »Redoxzustand«, also die aktuelle Oxidationsstufe, zu erreichen. Um Verwechslungen mit der Ladung eines Teilchens zu vermeiden, wird die OZ meist in römischen Ziffern über dem Atom angegeben. Ein positives Vorzeichen bedeutet dabei, dass Elektronen abgegeben wurden (= Oxidation) und umgekehrt.

Regeln zur Ermittlung der Oxidationszahlen:
a) Elemente haben immer die Oxidationszahl 0.
b) Bei Atomionen ist die Oxidationszahl identisch mit der Ionenladung.

Tabelle 9.2
Prioritätenliste der Bezugselemente

Element	OZ	Ausnahmen
Fluor	– I	keine, da höchste Elektronegativität
Wasserstoff	+ I	außer in Metallhydriden (dort – I)
Sauerstoff	– II	außer in Peroxiden (dort – I)
Metalle	+ X	OZ immer positiv

c) Bei Verbindungen verwendet man Bezugselemente, die in Verbindungen in der Regel eine konstante OZ aufweisen (Tab. 9.2). Die Gesamtzahl der OZ entspricht dabei der Teilchenladung.

Beispiele

– Stickstoff N_2:
  Element ⇒ Regel a
  ⇒ OZ(N) = 0
  ⇒ $\overset{0}{N_2}$

– Natriumsulfid Na_2S:
  das Salz besteht aus Ionen ⇒ Regel b
  ⇒ OZ(Na^+) = + I, OZ(S^{2-}) = – II
  ⇒ $\overset{+I\ -II}{Na_2S}$

– Kohlenstoffdioxid CO_2:
  Verbindung ⇒ Regel c
  Gesamtladung = 0, OZ(O) = – II
  Berechnung: 1 · OZ(C) + 2 · OZ(O) = 0
  1 · OZ(C) + 2 · (– II) = 0
  ⇒ OZ(C) = + IV
  ⇒ $\overset{+IV\ -II}{CO_2}$

– Sulfat-Ion SO_4^{2-}:
  Verbindung ⇒ Regel c
  Gesamtladung = – 2, OZ(O) = – II
  Berechnung: 1 · OZ(S) + 4 · OZ(O) = – 2
  1 · OZ(S) + 4 · (– II) = – 2
  ⇒ OZ(S) = + VI
  ⇒ $\overset{+VI\ -II}{SO_4^{2-}}$

→ **Methode**

Komplexe Redoxgleichungen erstellen

Aufgabe: Erstelle die vollständige Reaktionsgleichung für die Reaktion von neutraler Kaliumpermanganatlösung ($KMnO_4$) zu Braunstein (MnO_2) mit Sulfit (SO_3^{2-}). Sulfit reagiert dabei zu Sulfat (SO_4^{2-}).

1. **Beobachtungen als Teilgleichung formulieren:**

   Permanganat-Ionen → Braunstein
   Sulfit-Ionen → Sulfat-Ionen

2. **Oxidationszahlen bestimmen und Elektronentransfer ermitteln:**

   $\overset{+VII\ -II}{MnO_4^-} + 3\,e^- \rightarrow \overset{+IV\ -II}{MnO_2} \quad \Rightarrow \text{Reduktion}$

   $\overset{+IV\ -II}{SO_3^{2-}} \rightarrow \overset{+VI\ -II}{SO_4^{2-}} + 2\,e^- \quad \Rightarrow \text{Oxidation}$

3. **Reduktionsteilgleichung:**

   a) **Ladungsausgleich**

   Bestimmung der Ladungsbilanz
   - linke Seite: 1 + 3 = 4 negative Ladungen
   - rechte Seite: keine Ladung
   ⇒ man benötigt rechts 4 negative Ladungen, damit die Ladungsbilanz ausgeglichen ist

   $MnO_4^- + 3\,e^- \rightarrow MnO_2 + 4\,OH^-$

   b) **Stoffausgleich mit Wasser**

   $MnO_4^- + 3\,e^- + 2\,H_2O \rightarrow MnO_2 + 4\,OH^-$

Hinweis

Ladungsausgleich: im alkalischen Milieu mit Hydroxid-Ionen OH^-, im sauren Milieu mit Oxonium-Ionen H_3O^+, im neutralen Milieu mit OH^- oder H_3O^+, in einer Salzschmelze mit Oxid-Ionen O^{2-}

4. **Oxidationsteilgleichung:**

   a) **Ladungsausgleich**
      Bestimmung der Ladungsbilanz
      - linke Seite: 2 negative Ladungen
      - rechte Seite: 2 + 2 = 4 negative Ladung
      ⇒ man benötigt links 2 negative Ladungen, damit die Ladungsbilanz ausgeglichen ist

      $SO_3^{2-} + 2\,OH^- \rightarrow SO_4^{2-} + 2\,e^-$

   b) **Stoffausgleich mit Wasser**
      $SO_3^{2-} + 2\,OH^- \rightarrow SO_4^{2-} + 2\,e^- + H_2O$

5. **Ausgleichen der Elektronenbilanz:**
   Gleichungen auf das kleinste gemeinsame Vielfache der Elektronenzahlen bringen (in diesem Fall = 6)
   ⇒ Reduktionsteilgleichung · 2,
     Oxidationsteilgleichung · 3

   Red.: $2\,MnO_4^- + 6\,e^- + 4\,H_2O \rightarrow 2\,MnO_2 + 8\,OH^-$
   Ox.: $3\,SO_3^{2-} + 6\,OH^- \rightarrow 3\,SO_4^{2-} + 6\,e^- + 3\,H_2O$

6. **Linke und rechte Seiten der Teilgleichungen jeweils addieren und vereinfachen:**
   $2\,MnO_4^- + 6\,e^- + 4\,H_2O + 3\,SO_3^{2-} + 6\,OH^-$
   $\rightarrow 2\,MnO_2 + 8\,OH^- + 3\,SO_4^{2-} + 6\,e^- + 3\,H_2O$

   Redox: $2\,MnO_4^- + 3\,SO_3^{2-} + H_2O$
   $\rightarrow 2\,MnO_2 + 3\,SO_4^{2-} + 2\,OH^-$

7. **Kontrolle:**
   Stoffbilanz prüfen = Zählen!

9.6 Das Daniell-Element

Phänomen

Taucht man ein Zinkblech in eine Kupfersulfatlösung, so scheidet sich auf dem Zinkblech ein Kupferüberzug ab. In der Lösung sind nach einiger Zeit Zink(II)-Ionen nachweisbar.

Es müssen also folgende chemische Reaktionen stattgefunden haben:

$$Zn \rightarrow Zn^{2+} + 2\,e^-$$
$$Cu^{2+} + 2\,e^- \rightarrow Cu$$

Elementares Zink wurde also zu Zink(II)-Ionen oxidiert. Das Metall, das durch Oxidation aufgelöst wird (in diesem Fall das Zink), wird als **unedles Metall** bezeichnet. Das **edlere Metall** scheidet sich ab, indem seine Ionen (hier: Kupfer(II)-Ionen) mit den Elektronen des Zinks reduziert werden.

Das Zn/Cu-System hat das Potenzial, Elektronen (und damit Ladungen) zu verschieben. Dies entspricht der Definition einer elektrischen Spannung. Jedoch ist vom Stromfluss im geschilderten Versuch nichts zu merken, da die Elektronen direkt vom Zink auf die Kupfer-Ionen übergehen.

Trennt man die beiden Reaktionspartner jedoch räumlich und verbindet sie leitend durch ein Kupferkabel, so ist ein Stromfluss nachweisbar. Diese Anordnung heißt **Daniell-Element** (Abb. 9.3).

Eine Anordnung, in der ein Metall in die Lösung eines »eigenen« Salzes taucht (beispielsweise Kupferblech in eine Kupfersulfatlösung), heißt **Halbzelle**. Allgemein bezeichnet man eine Kombination von jeweils zwei Halbzellen, bei der die Metalle durch ein Kabel und die Lösungen durch eine »Salzbrücke« leitend verbunden sind, als **galvanisches Element**.

Die Elektronen aus der Oxidation »laufen« nun vom unedleren Metall (Anode = Plus-Pol; hier: Zink) zum edleren Metall-Ion (Kathode = Minus-Pol; hier: Kupfer). Zwischen den beiden Elektroden ist eine Spannung abgreifbar, die jeweils für die beiden Halbzellen charakteristisch ist.

Abbildung 9.3
Daniell-Element

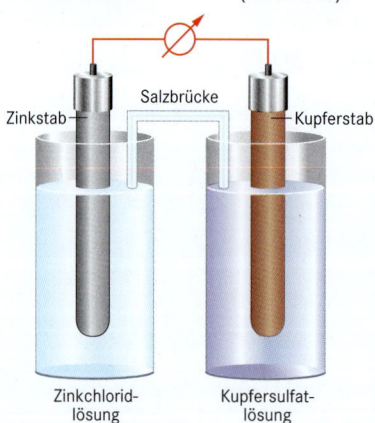

Panorama
Medizingeschichte

Das galvanische Element erhielt seinen Namen von dem italienischen Forscher Luigi Galvani, der feststellte, dass ein Muskel bei der Präparation zuckte, als er ihn gleichzeitig mit verschiedenen Metallen berührte. Das liegt daran, dass die Steuerung im Körper ähnlich funktioniert: Der Nervenimpuls, mit dem das Gehirn einen Muskel zur Kontraktion veranlasst, ist nichts anderes als ein kurzer elektrischer Impuls.

9.7 Die elektrochemische Spannungsreihe

Phänomen

Taucht man ein Kupferblech in eine Lösung aus Silbernitrat, so scheidet sich elementares Silber ab und die Lösung färbt sich durch Kupfer(II)-Ionen langsam bläulich.

Hinweis

Da Halbzellenreaktionen immer – je nach Reaktionspartner – in beide Richtungen möglich sind, werden Doppelpfeile in den Reaktionsgleichungen verwendet.

Es müssen also folgende chemische Reaktionen stattgefunden haben:

$$Cu \rightleftharpoons Cu^{2+} + 2\,e^-$$
$$2\,Ag^+ + 2\,e^- \rightleftharpoons 2\,Ag$$

Kupfer ist in diesem Fall (s. S. 42) offensichtlich das unedlere Metall, Silber das edlere. Die Eigenschaften »unedel« und »edel« sind also keine Kenneigenschaften, sondern sind vom direkten Vergleich mit dem Reaktionspartner abhängig.

Da damit auch die gemessene Spannungsdifferenz immer von der zweiten Halbzelle abhängt, hat man sich auf ein Bezugssystem geeinigt, auf das sich alle gemessenen Spannungen beziehen. Es handelt sich dabei um die **Normal-Wasserstoffelektrode**. Diese Halbzelle besteht aus einer Platinelektrode, die in eine verdünnte Salzsäure der Konzentration 1 mol/l taucht und mit gasförmigem Wasserstoff angeblasen wird. Am Platin finden folgende Redoxreaktionen statt:

$$2\,H^+ + 2\,e^- \rightleftharpoons H_2$$

Da Protonen in Lösung jedoch nur in Form von Oxonium-Ionen vorkommen, lautet die Gleichung richtiger:

$$2\,H_3O^+ + 2\,e^- \rightleftharpoons H_2 + 2\,H_2O$$

Tabelle 9.3
Ausschnitt aus der elektrochemischen Spannungsreihe

Halbzellenreaktion	E° [V]
Li ⇌ Li$^+$ + e$^-$	– 3,0
Na ⇌ Na$^+$ + e$^-$	– 2,7
Mg ⇌ Mg^{2+} + 2 e$^-$	– 2,4
Zn ⇌ Zn^{2+} + 2 e$^-$	– 0,76
H$_2$ ⇌ 2 H$^+$ + 2 e$^-$	– 0,0
Cu ⇌ Cu^{2+} + 2 e$^-$	+ 0,3
Ag ⇌ Ag$^+$ + e$^-$	+ 0,8
2 Cl$^-$ ⇌ Cl$_2$ + 2 e$^-$	+ 1,4
Au ⇌ Au^{3+} + 3 e$^-$	+ 1,4

Hinweis

Da die elementaren Nichtmetalle (wie auch Wasserstoff) häufig keine leitenden Feststoffe sind, benutzt man zur Messung sogenannte »indifferente« Elektroden. Das sind meist leitende Stoffe wie Platin oder Kohlenstoff, die nicht ins Redoxgeschehen eingreifen.

Merkhilfe

Die Elektronen werden vom unedleren Element ans edlere abgegeben: Die Kugel rollt den Berg hinunter.

Auch Nichtmetalle können an Redoxreaktionen beteiligt sein. Damit muss es ebenso möglich sein, für diese im Vergleich eine Spannung zu bestimmen. Da alle Potenziale gegen die gleiche Bezugselektrode gemessen wurden, kann man alle Redoxsysteme der Metalle und Nichtmetalle als **elektrochemische Spannungsreihe** ordnen (Tab. 9.3). Dabei werden die Halbzellen mit der negativsten Spannung oben angeordnet. Diese sind die unedleren Systeme. Die Elektronen aus den dort ablaufenden Reaktionen werden an eine edlere Halbzelle abgegeben, die weiter unten steht. Der Elektronenfluss folgt dem Schema des Pfeils, der Folgendes bedeutet: Magnesium gibt zwei Elektronen ab und wird dabei zu Mg^{2+}-Ionen oxidiert. Die Elektronen werden von Cu^{2+}-Ionen aufgenommen, die damit zu elementarem Kupfer reduziert werden.

9.8 Die Elektrolyse

Phänomen

Elektrolyse von ZnI$_2$

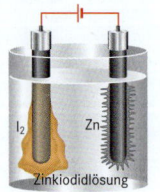

Taucht man in eine Zink(II)-iodidlösung eine Zink- und eine Kohleelektrode und legt an den Elektroden eine Gleichspannung an, so scheidet sich auf der Zinkkathode ein grauer Überzug ab, während sich an der Kohleanode orange-braune Schlieren bilden.

Der graue Überzug besteht aus elementarem Zink, die braunen Schlieren sind z. B. durch Stärke als Iod nachweisbar.

Es müssen also folgende chemische Reaktionen stattgefunden haben:

$Zn^{2+} + 2\,e^- \rightarrow Zn$
$2\,I^- \rightarrow I_2 + 2\,e^-$

Die Energie des elektrischen Stroms hat offensichtlich die Vorgänge des galvanischen Elements rückgängig gemacht. Durch die umgekehrte Polung werden an der Anode Iodid-Ionen entladen und somit zu elementarem Iod oxidiert, an der Kathode werden Zink(II)-Ionen zu elementarem Zink reduziert (s. S. 41). Das Verfahren, Elemente durch eine elektrochemische Analyse aus ihren Salzen zu gewinnen, heißt **Elektrolyse**. Es wird eingesetzt, wenn ein chemisches Verfahren wie der Hochofenprozess zur Metallherstellung nicht möglich ist.

Panorama
Umwelttechnik

Aluminium wird vor allem durch Schmelzflusselektrolyse von Aluminiumoxid gewonnen. Dieses wird zunächst in einem aufwendigen Verfahren aus Bauxit, dem häufigsten Aluminiumerz, gewonnen. Die Verwendung von **recyceltem Aluminium** dagegen spart bis zu 95 % Energie und erzeugt wesentlich weniger giftige Emissionen. Alt-Aluminium auch in kleinen Mengen zu sammeln wird sich angesichts der steigenden Energiekosten in absehbarer Zeit ökonomisch lohnen.

9.9 Elektrochemische Stromerzeugung

Phänomen

Unterbricht man die Elektrolyse der Zinkiodidlösung (s. S. 84) nach einiger Zeit und tauscht die Stromquelle gegen ein Spannungsmessgerät aus, so lässt sich gemäß der elektrochemischen Spannungsreihe eine Spannung von ca. 1,3 V abgreifen. Eine Batterie ist entstanden.

Galvanische Elemente liefern die Möglichkeit einer tragbaren Stromquelle. Allerdings ist die »klassische« Anordnung aus dem Unterricht (s. S. 82) etwas umständlich.
In kleinen Metallhüllen verpackt und mit Materialien versehen, die den Elektrolyten aufsaugen, entstehen die verschiedensten **Batterien** und **Akkumulatoren** oder »Akkus«, die wir im

Alltag verwenden. In beiden laufen ähnliche Reaktionen ab, nur sind Akkus so gestaltet, dass sich die chemischen Reaktionen durch Elektrolyse wieder umkehren lassen. Der Akku wird wieder »aufgeladen«.

Der bekannteste Akku ist wohl der **Bleiakku**, bekannter als »Autobatterie«. Sie liefert beim Starten des Motors den Strom für den Elektrostarter. Die Spannung erzeugen zwei Bleihalbzellen mit folgenden (sehr vereinfachten) Teilreaktionen:

$$Pb \rightarrow Pb^{2+} + 2\,e^-$$
$$Pb^{4+} + 2\,e^- \rightarrow Pb^{2+}$$

Als Elektrolyt dient verdünnte Schwefelsäure, in der die Pb^{2+}-Ionen gelöst sind. Blei und Blei(IV)-oxid tauchen als Platten in die Lösung. Die Potenzialdifferenz der beiden Halbzellen beträgt knapp 2 V. Durch Hintereinanderschalten mehrerer Zellen wird die erforderliche Spannung von 12 V erreicht.

Wird in einem galvanischen Element ein flüssiges (wie Alkohol) oder gasförmiges (wie Wasserstoff) Reduktionsmittel eingesetzt, so bezeichnet man diese Anordnung als **Brennstoffzelle**.

In einer mit Wasserstoff betriebenen Brennstoffzelle finden folgende Reaktionen statt:

Oxidation: $\quad 2\,H_2 + 4\,H_2O \rightarrow 4\,H_3O^+ + 4\,e^-$
Reduktion: $\quad O_2 + 4\,H_3O^+ + 4\,e^- \rightarrow 6\,H_2O$
Redoxreaktion: $\quad 2\,H_2 + O_2 \rightarrow 2\,H_2O$

Letztlich reagieren also Wasserstoff und Sauerstoff zu Wasser. Es handelt sich also eigentlich um eine Knallgasreaktion, bei der die Elektronen über einen elektrischen Leiter auf den Reaktionspartner übergehen.

Die Forschung an der Brennstoffzelle wurde mit großer Hoffnung vorangetrieben. Da sie ungiftige Produkte erzeugt und sich die Edukte Wasserstoff und Sauerstoff mit regenerativen Energien durch Elektrolyse aus Wasser herstellen lassen, ergäbe sich eine sehr »saubere« Technik für moderne Kraftwerke. Beim derzeitigen »Energieverbrauch« der Menschheit sind die regenerativen Energien jedoch bei weitem nicht in der Lage, den Stromverbrauch zu decken.

Panorama

Geschichte

Die erste dokumentierte Batterie wurde von Alessandro Volta, einem Zeitgenossen von Galvani, um 1800 vorgeführt. Er verwendete Silber- und Zinkplatten, die durch eine mit einem Elektrolyt getränkte Lage getrennt waren, und stapelte diese mehrfach. Sein Nachname begegnet uns noch heute in der Einheit der Spannung: z. B. 220 Volt Netzspannung.

9.10 Die Korrosion

Phänomen

*Welcher Auto- oder Fahrradfahrer hat sich noch nicht nach dem Winter über Roststellen oder -löcher geärgert? Diese und andere **Korrosionsvorgänge** verursachen in Deutschland jährlich Kosten von ein paar Milliarden Euro.*

Hinweis

Rost ist ein Gemisch verschiedener Eisenoxide und -hydroxide.

Eisen und andere Metalle reagieren in einer exothermen Reaktion mit Luftsauerstoff oder anderen Oxidationsmitteln zu Metalloxiden oder anderen Verbindungen. Die Tatsache, dass dieser Vorgang am Auto vor allem über den Winter passiert, wenn die Straßen stark gesalzen sind, weist auf einen elektrochemischen Vorgang hin, bei dem Ladungen transportiert werden. Das Eisen reagiert daher nicht nur – wie bei der Verbrennung – in direkter Reaktion mit dem Luftsauerstoff. Der **Luftsauerstoff** wird **kathodisch reduziert**:

Abbildung 9.4

Zink-Eisen-Kontaktelement

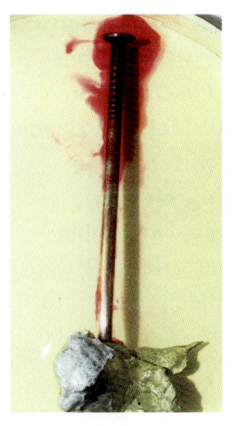

$O_2 + 2\,H_2O + 4\,e^- \rightarrow 4\,OH^-$

Die Elektronen für diesen Vorgang liefert die Oxidation des Eisens. Die gebildeten Eisen-Ionen bilden letztendlich Rost.

Ist ein Metall (in der Abb. 9.4 Zink) mit einem edleren Metall (Eisennagel) verbunden, so bildet sich ein **Kontaktelement**. Die Korrosion des unedleren Metalls erfolgt in diesem Fall schneller, da das Metall nicht negativ aufgeladen wird. Der Sauerstoff wird am edleren Metall gemäß der oben angegebenen Gleichung zu Hydroxid-Ionen reduziert (nachgewiesen durch Pinkfärbung von Phenolphthalein), während sich das unedle Metall auflöst (Abb. 9.4).

Es wurden verschiedene Methoden entwickelt, damit ein Werkstück nicht der Korrosion zum Opfer fällt. Überzüge aus Lack, Metallen oder anderen Schichten verhindern den Zutritt von Luftfeuchtigkeit oder -sauerstoff. Beispielsweise müssen beim Karosserieblech des Autos einige Schichten verletzt werden, bevor das innenliegende Eisen korrodiert.

Elementare Edelmetalle sind durch eine dünne Oxidschicht vor weiterer Oxidation geschützt. Ein ähnliches Prinzip wird beim Edelstahl erreicht, bei dem das Eisen durch Zusätze von Stahlveredlern wie Chrom oder Vanadium widerstandsfähig gegen Korrosion wird. Wird ein unedleres Metall wie Zink leitend mit dem Werkstück verbunden, so wirkt Zink als **Opferanode**, da es anstatt des Eisens die Elektronen zur Verfügung stellt und somit oxidiert wird.

Panorama

Umwelttechnik

Im Rahmen des Ausbaus von regenerativen Energien sind Offshore-Windräder geplant, die einige Kilometer vor der Küste in der Nordsee stationiert sind, da dort der Wind gleichmäßiger und stärker weht als an Land. Neben ökologischen Bedenken bezüglich des Lebensraumes Wattenmeer müssen Probleme mit der Korrosion bewältigt werden, da die Windräder und ihre Fundamente permanent dem Salzwasser ausgesetzt sind.

Grundbegriffe

Kapitel 9

Oxide – Verbrennung – Brand löschen – Luft – Gasgemisch – Oxidation – Elektronenabgabe – Reduktion – Elektronenaufnahme – Reduktionsmittel – Oxidationsmittel – Redoxreaktion – Explosion – stille Oxidation – Oxidationsstufen – Oxidationszahl – edle Metalle – unedle Metalle – Daniell-Element – Halbzelle – galvanisches Element – Normal-Wasserstoffelektrode – elektrochemische Spannungsreihe – Elektrolyse – Recycling – elektrochemische Stromerzeugung – Batterie – Bleiakkumulator – Brennstoffzelle – kathodische Sauerstoffreduktion – Korrosion – Kontaktelement – Opferanode

10 Chemie der Kohlenwasserstoffe

10.1 Was ist organische Chemie?

Phänomen

Beim Karamellisieren von Zucker schmelzen die Kristalle zunächst. Dann tritt eine Verfärbung auf, die erst gelblich und bei fortwährendem Erhitzen immer brauner erscheint. Unterbricht man den Vorgang nicht, tritt eine Schwarzfärbung auf.

Hinweis

Die zunehmende Schwarzfärbung bedeutet chemisch betrachtet, dass der Kohlenstoffgehalt immer stärker steigt. Bei einem Kohlenstoffgehalt von 100 % würde Kohlenstoff in elementarer Form als schwarzer Graphit vorliegen.

Lässt man die beschriebene Reaktion nicht in der Pfanne, sondern im verschlossenen Reagenzglas ablaufen, setzen sich am oberen Rand des Glases Wassertropfen ab.

Der Zucker ist »verkohlt« oder »verbrannt«. Im Zuckermolekül sind also Kohlenstoffatome gebunden. Die gebildeten Wassertropfen geben einen Hinweis darauf, dass im Zuckermolekül auch Wasserstoffatome gebunden sind: Da die Luft praktisch keinen elementaren Wasserstoff enthält, kann der im Wasser gebundene Wasserstoff nur aus dem Zucker stammen.

Die meisten »organischen« Stoffe sind also Verbindungen von Kohlenstoff- und Wasserstoffatomen mit bestimmten »Fremdatomen« (z. B. Sauerstoff-, aber auch andere Nichtmetallatome). Die organische Chemie wurde somit zur **Chemie der Kohlenwasserstoffe** und verwandter Verbindungen. Damit fallen auch die fossilen Energieträger, Kunststoffe und viele Farb- und Naturstoffe in diese Verbindungsklasse.

Organische Stoffe haben einige Gemeinsamkeiten: Sie sind thermisch in der Regel relativ instabil, meist nicht leitfähig und haben – verglichen mit den Salzen – relativ niedrige Schmelztemperaturen.

Panorama

Geschichte

Ursprünglich glaubten die Alchimisten an eine »vis vitalis«, die ausschließlich in der Lage sei, organische Stoffe und damit Lebewesen zu bilden. Die organische Chemie blieb damit auf die aus Zellen isolierten Stoffe beschränkt. Friedrich Wöhler widerlegte jedoch die Existenz der ominösen »Lebenskraft«, indem er im Reagenzglas aus Ammoniumcyanat durch Erhitzen Harnstoff herstellte.

10.2 Alkane

Phänomen

Wenn man zu Hause zum Kochen »das Gas aufdreht«, so strömt aus der Leitung ein Gasgemisch, das zu ca. 90 % aus Methan besteht. Methan ist mit der Formel CH_4 der einfachste aller Kohlenwasserstoffe und gehört zur Stoffklasse der Alkane.

Abbildung 10.1

Räumliche Darstellung von Methan

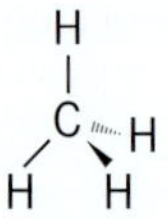

Im Methan ist das Kohlenstoffatom (charakteristisch für Elemente der 4. Hauptgruppe) mit vier Wasserstoffatomen über jeweils eine Einfachbindung verbunden. Nach dem EPA-Modell (s. S. 46) zeigen die Wasserstoffatome in die Ecken eines Tetraeders (Abb. 10.1). Der Bindungswinkel HCH beträgt somit 109°.

Abbildung 10.2

Die ersten drei Vertreter der homologen Reihe der Alkane

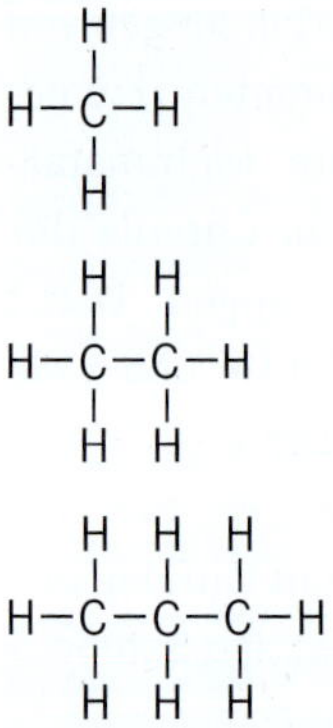

Beim nächstgrößeren Verwandten des Methans ist ein Wasserstoffatom durch ein Kohlenstoffatom ersetzt. Dadurch ergeben sich drei weitere Bindungsstellen für Wasserstoff. Somit lautet die Formel für das Ethan C_2H_6. Wiederholt man dieses Gedankenexperiment mit Ethan, so entsteht Propan (aus Camping-Gas-Kartuschen bekannt) mit der Formel C_3H_8. Alle Alkane sind **gesättigte Kohlenwasserstoffe**. Das bedeutet, dass jedes Kohlenstoffatom über vier Einfachbindungen verfügt. Somit kann man eine **homologe Reihe** von farblosen, unpolaren Verbindungen bilden, die der allgemeinen Summenformel C_nH_{2n+2} entsprechen (Abb. 10.2). Dabei hat das nächste Mitglied jeweils eine CH_2-Gruppe mehr als das vorhergehende. Diese Verbindungen heißen **Alkane**. Die kleineren Mitglieder der Reihe werden auch als »niedere« Alkane bezeichnet, bei größerer Kohlenstoffzahl spricht man auch von »höheren« Alkanen.

Im Verlauf der homologen Reihe erfolgt eine kontinuierliche Veränderung folgender Kenneigenschaften:
- Da bei den Alkanen nur die **unpolaren C-C- oder C-H-Bindungen** existieren, werden benachbarte Moleküle nur durch Van-der-Waals-Kräfte zusammengehalten. Da diese an der Oberfläche der Moleküle entstehen, nehmen mit steigender Größe des Moleküls auch die Schmelz- und Siedetemperaturen zu. Ab fünf Kohlenstoffatomen (Pentan)

sind die Alkane bei Raumtemperatur flüssig, ab 17 Kohlenstoffatomen (Heptadecan) handelt es sich um Feststoffe.
- Alle Alkane sind brennbar, jedoch ist bei höheren Alkanen u. U. eine große Aktivierungsenergie nötig. Die Flamme ist bei Methan noch blau, wird in der Reihe jedoch immer gelber und fängt schließlich an zu rußen. Das liegt daran, dass der Kohlenstoffgehalt der Moleküle bezogen auf den Wasserstoffgehalt steigt. Da Kohlenstoff mit Sauerstoff im Verhältnis 1:2, Wasserstoff jedoch mit Sauerstoff im Verhältnis 2:1 reagiert, ist bei höheren Alkanen für eine vollständige Verbrennung mehr Sauerstoff nötig. Unvollständig verbrannter Kohlenstoff äußert sich in Form glühender (⇒ leuchtend gelbe Flamme) oder nicht brennender Rußteilchen (⇒ rauchende Flamme).

Die räumlich korrekte Darstellung größerer Moleküle in Formelschreibweise ist sehr komplex. Daher existieren verschiedene Möglichkeiten der Vereinfachung (Tab. 10.1).

Tabelle 10.1

Darstellung von Kohlenwasserstoffen mit Valenzstrichformeln am Beispiel Butan

Vereinfachung	Formel
korrekte räumliche Darstellung des Butans	
Projektion auf die Papierebene: alle Atome und Elektronenpaare ohne korrekte Bindungswinkel ⇒ Winkel HCH = 90°	
Buchstaben für Wasserstoffatome weglassen ⇒ nur das bindende Elektronenpaar wird gezeichnet	
(endständige) Wasserstoffe oder ganze Teile als Summenformel zusammenfassen	$H_3C-CH_2-CH_2-CH_3$
bei langen Kohlenwasserstoffketten wird manchmal nur das Kohlenstoffgerüst gezeichnet: ⇒ ein »Knick« entspricht einer CH_2-Gruppe, ein »Ende« einer CH_3-Gruppe	

Abbildung 10.3
Strukturformel von Cyclohexan C_6H_{12}

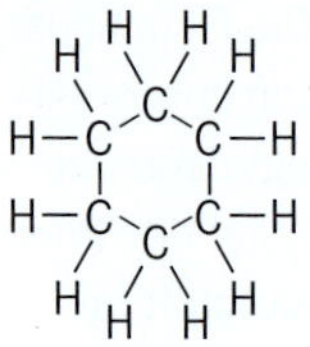

Verbindet man das C_1- und das C_6-Atom eines Hexanmoleküls, so entsteht das Cyclohexanmolekül (Abb. 10.3). An der allgemeinen Summenformel der **Cycloalkane C_nH_{2n}** erkennt man, dass ihre Moleküle wegen der zusätzlichen CC-Bindung jeweils zwei Wasserstoffatome weniger besitzen. Sie haben fast die gleichen Kenneigenschaften wie ihre linearen Pendants.

10.3 Verzweigte Alkane

Abbildung 10.4
Zwei Isomere mit der Summenformel C_4H_{10}

$H_3C-CH_2-CH_2-CH_3$

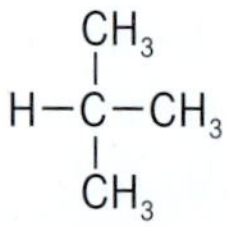

$H-\underset{\underset{CH_3}{|}}{\overset{\overset{CH_3}{|}}{C}}-CH_3$

Alle Alkane mit vier Kohlenstoffatomen werden als Butane bezeichnet. Jedoch gibt es für das vierte Kohlenstoffatom zwei mögliche Verknüpfungen. Es kann entweder am dritten oder am zweiten Kohlenstoffatom ansetzen (Abb. 10.4). Entsprechend entstehen zwei Verbindungen, die früher als n-Butan (gerade Anordnung) oder als iso-Butan (verzweigte Anordnung) bezeichnet wurden.

Die beiden Moleküle ähneln sich in ihren Eigenschaften stark, haben jedoch aufgrund der unterschiedlichen Oberfläche etwas andere Siedetemperaturen. **Verzweigte Alkane** haben eine **kleinere Oberfläche** als geradkettige und bilden daher mit anderen Molekülen schwächere Van-der-Waals-Kräfte.

Iso- und n-Butan haben die gleiche Summenformel, aber einen unterschiedlichen Aufbau. Solche Moleküle bezeichnet man als zueinander isomer. Da sich die **Isomerie** in diesem Fall auf die unterschiedliche Verknüpfung der Atome im Molekül bezieht, spricht man von einer **Konstitutionsisomerie**.
Die Zahl der möglichen Isomeren nimmt mit der Kohlenstoffzahl exponentiell zu, sodass bei C_{23} bereits mehrere Millionen Möglichkeiten existieren. Um dieser Vielfalt Herr zu werden, benötigt man ein eindeutiges Benennungssystem. Dazu haben sich Chemiker auf einer internationalen Konferenz auf die sogenannte **IUPAC-Nomenklatur** geeinigt. Diese gehorcht bestimmten Regeln, die auf S. 93 erklärt werden.

→ Methode

Benennung von Alkanen

Merkhilfe

altgriechische Zahlen:
Penta (5), Hexa (6),
Hepta (7), Octa (8),
Nonus (lat.: 9),
Deca (10).

Die ersten vier Vertreter der Alkane haben »Trivialnamen«, der Rest wurde nach den altgriechischen Zahlen benannt. Die Alkane heißen:

Methan (CH_4), Ethan (C_2H_6), Propan (C_3H_8), Butan (C_4H_{10}),
Pentan (C_5H_{12}), Hexan (C_6H_{14}), Heptan (C_7H_{16}),
Octan (C_8H_{18}), Nonan (C_9H_{20}), Decan ($C_{10}H_{22}$).

$$H_3C-CH_2-CH-CH-\underset{\underset{\underset{CH_3}{|}}{\underset{CH_3}{|}}}{\overset{\overset{CH_3}{|}}{C}}-CH_3$$
$$\quad\quad\quad\quad\quad |\quad\;|\quad\;|$$
$$\quad\quad\quad\;\; CH_3\;CH_2\;CH_2$$

– Identifizierung der längsten Kohlenstoffkette im Molekül. Die Anzahl dieser Kohlenstoffatome ergibt den Stammnamen nach dem entsprechenden n-Alkan:
⇒ Heptan

$$H_3\underset{7}{C}-\underset{6}{C}H_2-\underset{5}{C}H-\underset{4}{C}H-\underset{3}{C}-CH_3$$

– Die Kohlenstoffatome der längsten Kette werden durchnummeriert. Dabei beginnt man bei dem Kettenende, das näher an der ersten Verzweigung liegt, sodass die Verzweigungen möglichst kleine Nummern erhalten:
⇒ von rechts beginnen, da zwei Verzweigungen kleinere Nummern erhalten

$$H_3\underset{7}{C}-\underset{6}{C}H_2-\underset{5}{C}H-\underset{4}{C}H-\underset{3}{C}-CH_3$$

– Der Ort der Verzweigung wird für jede Seitenkette durch die Nummer des entsprechenden Kohlenstoffatoms gekennzeichnet:
⇒ 3-, 3-, 4-, 5-

– Die Seitenketten werden ebenfalls nach der Kohlenstoffzahl benannt, allerdings mit der Nachsilbe -yl statt -an, und alphabetisch geordnet:
⇒ Ethyl, Methyl

– Gleiche Seitenketten werden zusammengefasst. Ihre Zahl wird durch eine griechisches Vorsilbe (mono-, di-, tri-, tetra-) angegeben:
⇒ 4-Ethyl-3,3,5-trimethylheptan

10.4 Alkene

Bei der Verarbeitung von Erdöl fällt ein farbloses Gas mit der Summenformel C_2H_4 an. Wie man an der Summenformel erkennt, sind pro Kohlenstoffatom nur zwei Wasserstoffatome gebunden. Das Gas kann daher nicht zu den Alkanen gehören. Außerdem hat es ein Reaktionsverhalten, das nicht zu den Alkanen passt: Wenn man das Gas in eine saure Kaliumpermanganatlösung (**Baeyer-Probe**) oder durch Bromwasser (**Bromwasserprobe**) leitet, werden beide Lösungen entfärbt.

Ethen (früher »Ethylen« genannt) gehört zur homologen Reihe der **Alkene** mit der allgemeinen Summenformel C_nH_{2n}. In vielen Kenneigenschaften wie Siedetemperatur, Polarität, Löslichkeit und Brennbarkeit unterscheiden sich die Alkene nur unwesentlich von den entsprechenden Alkanen.

Da dem Ethenmolekül zwei Wasserstoffatome fehlen, müssen die Kohlenstoffatome einen anderen Weg finden, um die Oktettregel zu erfüllen. Dazu verbinden sich die beiden noch ungebundenen Elektronen zu einer zweiten CC-Bindung. Es liegt also eine **Doppelbindung** vor (Abb. 10.5), die durch eine größere Elektronendichte zwischen den Kohlenstoffatomen gekennzeichnet ist. Verglichen mit der Einfachbindung reduziert sich dadurch der **Bindungsabstand**, da die Atomrümpfe stärker angezogen werden. Außerdem erklärt die hohe Elektronendichte die Reaktion mit Halogenen (Bromwasserprobe) oder anderen Oxidationsmitteln (Baeyer-Probe).

Abbildung 10.5

Ausbildung der Doppelbindung beim Ethenmolekül

$H_2C\!\dot{\text{-}}\!\dot{\text{-}}CH_2$

$H_2C=CH_2$

Die Benennung der Alkene erfolgt analog zu den Alkanen, nur dass das Suffix -an durch -en ersetzt ist, also Ethen, Propen, Buten ... Für die Benennung komplexerer Alkene gelten ebenfalls die IUPAC-Regeln. Die Lage der Doppelbindung wird durch die Nummer des C-Atoms in der Kette dargestellt: z. B. But-1-en. Sind mehrere Doppelbindungen vorhanden, so wird der Nachsilbe -en noch eine griechische Zahl vorgestellt. Beim Stammnamen entfällt dann das -n: z. B. Buta-1,3-dien.

Die Stärke einer Bindung kann aus der **Bindungsenergie** abgelesen werden. Dabei wird in der Regel gemessen, wie viel

Energie zur Spaltung der Bindung nötig ist. Der gleiche Energiebetrag wird bei der Bildung der Bindung frei. Je größer die Bindungsenergie, desto stärker ist die Bindung. Die C=C-Bindung bei den Alkenen weist jedoch nicht den doppelten Wert wie die C—C-Einfachbindung auf (Tab. 10.2, S. 96). Dies liegt daran, dass die zweite Bindung außerhalb der Kernverbindungslinie liegt und deshalb weniger zur Wechselwirkung beiträgt.

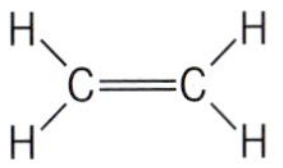

Nach dem EPA-Modell (s. 46) ergibt sich für drei Bindungspartner um ein Zentralatom eine dreieckige Anordung mit einem Bindungswinkel von 120°. Die planare Anordnung an beiden Kohlenstoffatomen bedingt, dass alle Atome des Ethenmoleküls in einer Ebene liegen (Abb. 10.6).

Abbildung 10.6
Strukturformel von Ethen

10.5 Stereoisomerie der Doppelbindung

Phänomen

Vom 1,2-Dichlorethen existieren zwei Verbindungen, die sich geringfügig in ihrer Siedetemperatur unterscheiden. Da sie beide die gleiche Art der Verknüpfung haben, muss eine andere Form der Isomerie vorliegen.

Moleküle, die sich bei gleicher Art der Verknüpfung ihrer Atome in der räumlichen Anordnung unterscheiden, heißen **Stereoisomere**. In diesem Fall liegt die Ursache darin, dass um die Doppelbindung keine **freie Drehbarkeit** wie bei einer Einfachbindung besteht. Denn für die Drehung um die C=C-Achse müsste die Doppelbindung gebrochen werden, was einer sehr großen Aktivierungsenergie entsprechen würde.

Abbildung 10.7
1,2-Dichlorethen: Z- und E-Konfiguration

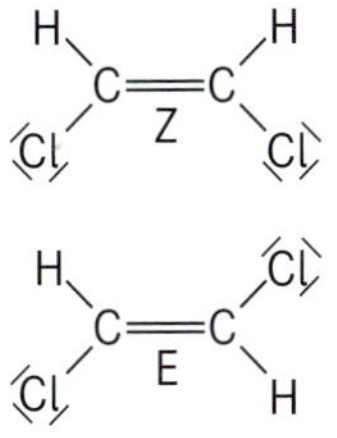

Somit macht es einen Unterschied, an welcher Seite des Moleküls die Chloratome gebunden sind (Abb. 10.7). Befinden sich beide Chloratome bezogen auf die C=C-Achse auf der gleichen Seite des Moleküls, so spricht man von **Z-Konfiguration** (wie zusammen) oder **Cis-Konfiguration**.
Liegen beide diagonal gegenüber, so liegt eine **E-Konfiguration** (wie entgegen) oder **Trans-Konfiguration** vor. Im letzten Fall ergibt sich eine Punktsymmetrie im Molekül, sodass sich die Dipolmomente der polarisierten C—Cl-Bindungen aufheben. Somit gibt es in diesem Fall keine Dipolwechselwirkung, woraus eine kleinere Siedetemperatur resultiert.

10.6 Alkine

Spaltet man aus dem Ethen weiter Wasserstoff ab, so erhält man mit »Acetylen« einen Vertreter einer weiteren Klasse der **ungesättigten Kohlenwasserstoffe** (also Verbindungen, die Mehrfachbindungen enthalten). Sein wissenschaftlicher Name Ethin weist auf die Zugehörigkeit zu den **Alkinen** hin. Auch diese werden wie Alkene (s. S. 94) benannt, erhalten allerdings die Endung -in, z. B. But-2-in.

Abbildung 10.8

Strukturformel von Ethin

H−C≡C−H

Da im Vergleich mit den Alkenmolekülen zwei weitere Wasserstoffatome »fehlen«, entsprechen die Alkinmoleküle der allgemeinen Summenformel C_nH_{2n-2}. Die Kohlenstoffatome bilden eine Dreifachbindung aus, um acht Valenzelektronen zu erreichen (Abb. 10.8).

Bei zwei Bindungspartnern ergibt sich am Kohlenstoffatom eine lineare Anordnung und damit ein Bindungswinkel von 180°. Bindungsenergie und Bindungsabstand der Dreifachbindung weisen darauf hin, dass die zweite »zusätzliche« Bindung einen noch kleineren Beitrag liefert als die erste. Der Bindungsgrad beträgt etwa das 2,3-fache einer C−C-Einfachbindung (Tab. 10.2).

Tabelle 10.2

Vergleich der Bindungstypen

Bindung	CC-Bindungsabstand in pm	Winkel HCC	Bindungsenergie in kJ/mol
C−C	154	109°	348
C=C	133	120°	~600
C≡C	120	180°	~800

Aufgrund der hohen Elektronendichte reagieren auch die Alkine auf Baeyer- und Bromwasserprobe positiv. Ethin ist sehr gut brennbar und in Gemischen mit Sauerstoff oder Luft explosibel. Es wird zum Schweißen sowie als Ausgangsstoff für die Herstellung von anderen Produkten verwendet.

10.7 Petrochemie

Phänomen

Es dauert auf der Zugspitze ca. eine halbe Stunde, ein Ei hart zu kochen. Durch den niedrigeren Luftdruck sinkt die Siedetemperatur, sodass das Wasser bereits bei geringeren Temperaturen kocht.

Das gleiche Prinzip wendet man bei der Trennung eines sehr komplexen Stoffgemisches an, das für die industrialisierte Menschheit den wichtigsten Rohstoff schlechthin darstellt: das Erdöl. Die Verarbeitung dieses Rohstoffes wird als **Petrochemie** bezeichnet.

Abbildung 10.9

Erdölfraktionen (von links): Rohöl, Kerosin, Fahrradöl, Schwermaschinenöl

Erdöl entstand wie die anderen fossilen Energieträger Erdgas und Kohle aus Biomasse, die vor ca. 300 Millionen Jahren luftdicht abgeschlossen wurde. Unter hohem Druck und bei hoher Temperatur wurden die zellulären Bestandteile durch einen langsamen Zersetzungsprozess in ein komplexes Gemisch verschiedener organischer Stoffe umgewandelt.

Rohöl ist somit kein klarer Reinstoff, sondern eine bräunliche, undurchsichtige und viskose Flüssigkeit. Es stellt ein Stoffgemisch aus Tausenden verschiedener Kohlenwasserstoffe dar, die durch sogenannte **fraktionierte Destillation** in verschiedene Bestandteile (»Fraktionen«) voneinander getrennt werden (Abb. 10.9).

Abbildung 10.10

Glockenboden eines Destillationsturms

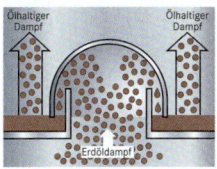

Dazu wird Rohöl in großen Destillationstürmen auf 400 °C erhitzt. Stoffe mit kleiner Siedetemperatur werden verdampft und steigen als Gase auf. Dabei zwingt man sie über glockenartige Sperren immer wieder durch die Flüssigkeit, um die Trennung effektiver zu machen (Abb. 10.10). Auf den einzelnen Etagen des Turms kann man nun »reinere« Gemische abzweigen, die einen vergleichbaren Siedebereich haben, z. B. Leichtbenzin, Petroleum …

Bei dieser Temperatur nicht verdampfbare Stoffe werden unter Vakuum noch einmal der gleichen Prozedur unterzogen und lassen sich so in weitere Fraktionen trennen. Die nicht trennbaren Rückstände werden als Bitumen zu Asphalt verarbeitet.

Da das Erdöl vor allem für Verbrennungsmotoren und für die chemische Industrie gebraucht wird, fallen die verschiedenen Inhaltsstoffe bei der Destillation in einem ungünstigen Verhältnis an. Durch nachgeschaltete Reaktionen wird der Anteil der benötigten Fraktionen entsprechend erhöht. Weitere Reaktionen reinigen die Kraftstoffe und reduzieren z. B. den Gehalt an Schwefelverbindungen.

Panorama
Umweltchemie

Ein Problem stellt der Transport des Öls mit Schiffen da. Bei Unglücken von Supertankern entsteht häufig ein Ölteppich, da Meerwasser eine größere Dichte hat. Da die leicht flüchtigen Anteile schneller verdunsten, bleibt eine zähe, klebrige Masse über, die alles Leben erstickt, was sich darunter befindet. Falls möglich wäre daher der Transport durch Pipelines zu bevorzugen.

10.8 Problematik fossiler Rohstoffe

Phänomen

*Der **Treibhauseffekt** ist in der öffentlichen Diskussion in aller Munde. Man findet ihn auf Wahlplakaten, in Autowerbungen und in den Nachrichten. Er hat damit eine ähnliche Brisanz erreicht wie die Nutzung der Kernenergie in den 1980er Jahren.*

Hinweis

Der natürliche Treibhauseffekt war für die Entstehung des Lebens auf der Erde unbedingte Voraussetzung.

Hinter dem Phänomen verbirgt sich die Eigenschaft verschiedener Gase der Atmosphäre, wie Wasserdampf, Kohlenstoffdioxid, Methan ... , Sonnenstrahlung zu absorbieren und in alle Richtungen als Wärmestrahlung abzugeben. Die Atmosphäre sorgt so ähnlich einem Treibhaus für ihre eigene Erwärmung, zugleich aber auch für eine vergleichsweise ausgeglichene Temperatur.
Obwohl sich das Erdklima in der Vergangenheit mehrfach stark verändert hat, wird die derzeitige Veränderung ängstlich verfolgt, da die Erde inzwischen zu dicht besiedelt ist, um eine starke Veränderung des Weltklimas auffangen zu können. Neben dem Anstieg des Meeresspiegels und einer Zunahme von Unwettern werden vor allem drastische Veränderungen des globalen Wasserhaushalts und damit der Vegetationszonen erwartet (Abb. 10.11).

Abbildung 10.11
Schwankungen der Durchschnittstemperatur der Erdatmosphäre
(Quelle: Bericht des UN-Klimarates IPCC 2007)

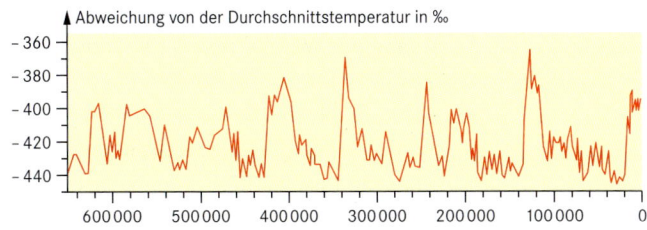

Die derzeitig beobachtbare Erwärmung des Erdklimas wird vor allem auf den erhöhten Ausstoß des Treibhausgases Kohlenstoffdioxid aus der Nutzung **fossiler Energieträger** zurückgeführt. Durch deren Verbrennung entstehen große Mengen an Kohlenstoffdioxid, das den natürlichen Treibhauseffekt und damit die Erwärmung der Erdatmosphäre verstärkt. Da gleichzeitig die fossilen Ressourcen immer mehr zur Neige gehen und »regenerative Energien« noch nicht im erforderlichen Maß zur Verfügung stehen, wird **»Energie sparen«** in den nächsten Jahrzehnten eine wichtige Aufgabe sein.

Kohle entstammt dem Zeitalter des Karbon (vor ca. 350 Mio. Jahren), als große Mengen von organischem Material unter Luftausschluss und immer höherem Druck eingeschlossen wurden. Bei dieser Inkohlung wird das pflanzliche Material in einem chemischen Zersetzungsprozess zunächst zu Torf, dann zu Braun- und Steinkohle und schließlich zu Graphit. Ähnlich wie bei der Thermolyse von Zucker (s. S. 89) steigt der Kohlenstoffgehalt bei diesem Prozess immer mehr. Für Erdöl und Erdgas werden ähnliche Prozesse angenommen, nur stammen sie vermutlich aus mariner Biomasse. Werden diese Stoffe verbrannt, so entsteht wieder das Kohlenstoffdioxid, aus dem sie vor langer Zeit durch Fotosynthese gebildet wurden.

Darüber hinaus führen andere Verbrennungsprodukte wie Stickstoff- oder Schwefeloxide zu weiteren Veränderungen der Atmosphäre wie beispielsweise dem **sauren Regen**.
Aufgrund der Klimadaten und da viele Lagerstätten ihr Fördermaximum bereits überschritten haben, sollte eine reflektierte Energiepolitik an oberster Priorität einer globalen Diskussion stehen. Diese Verantwortung trägt allerdings nicht nur die

Politik, sondern vor allem der Verbraucher. Ein sparsamer Umgang mit Wärme, Strom und Individualverkehr sollte für jeden Haushalt selbstverständlich sein. Gleichzeitig sollte die Erforschung der **regenerativen Energien** vorangetrieben werden, um den nicht reduzierbaren Anteil des Energiebedarfs nicht nur mit fossilen Ressourcen decken zu müssen.

10.9 Halogenierungen

Phänomen

Versetzt man etwas Heptan in einer abgeschlossenen Schale mit einem Tropfen Brom, so ist zunächst keine Veränderung zu beobachten. Belichtet man den Ansatz, so entfärbt sich das Gemisch. Hält man nun ein feuchtes Universalindikatorpapier in den Gasraum über der Flüssigkeit, färbt es sich rötlich.

Die Rotfärbung des Indikators deutet auf einen gasförmigen Stoff hin, der sauer reagiert. Von Kohlenstoffdioxid abgesehen, kommt bei den vorliegenden Edukten vor allem Bromwasserstoff (HBr) infrage, was mit Silbernitratlösung auch bewiesen werden kann. Das Brommolekül muss folglich im Lauf der Reaktion gespalten worden sein.

Die Spaltung des Brommoleküls erfolgt dabei **homolytisch** (also symmetrisch). Die Reaktion verläuft über Bromradikale, die ein einzelnes ungepaartes Elektron haben und daher besonders reaktiv sind. Genau betrachtet verläuft die Reaktion nach folgendem Schema (vgl. Abb. 10.12):

1. Reaktionsstart: Spaltung des Broms durch Lichteinfluss in zwei Bromradikale
2. Kettenreaktion: Reaktion des Radikals mit Heptan; Bildung neuer Radikale
3. Abbruchreaktionen: Verbindung zweier Radikale zu einem neuen Molekül

Untersucht man die Produkte, so stellt man fest, dass im Heptanmolekül ein oder mehr Wasserstoffatome durch Bromatome ersetzt wurden, wodurch bromierte (oder allgemeiner formuliert: halogenierte) Kohlenwasserstoffmoleküle entstehen.

Abbildung 10.12

Heptan und Brom reagieren unter radikalischer Substitution

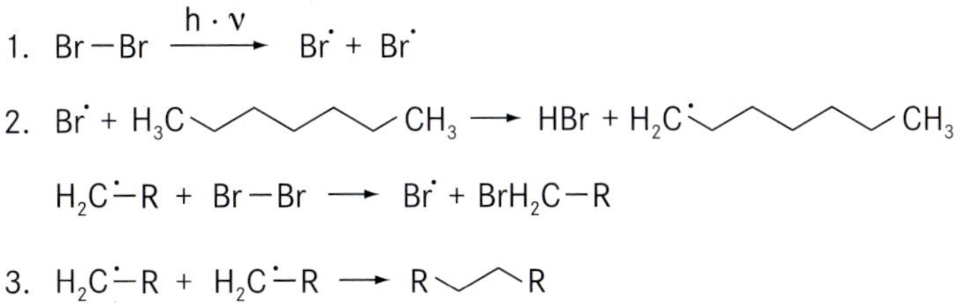

1. $Br-Br \xrightarrow{h \cdot \nu} Br^{\bullet} + Br^{\bullet}$

2. $Br^{\bullet} + H_3C\diagup\diagdown\diagup\diagdown CH_3 \longrightarrow HBr + H_2C^{\bullet}\diagup\diagdown\diagup\diagdown CH_3$

   $H_2C^{\bullet}-R + Br-Br \longrightarrow Br^{\bullet} + BrH_2C-R$

3. $H_2C^{\bullet}-R + H_2C^{\bullet}-R \longrightarrow R\diagup\diagdown R$

Die Reaktionsart heißt **radikalische Substitution.** Die Reaktionsgeschwindigkeit hängt von den Edukten ab. Chlor reagiert mit Methan unter UV-Licht explosionsartig.

Auf ganz andere Weise entstehen halogenierte Kohlenwasserstoffe bei der Bromwasserprobe. Zum Beispiel reagiert Ethen mit Brom spontan zu 1,2-Dibromethan. Diese Reaktion verläuft über ionische Zwischenstufen. Das Brommolekül wird **heterolytisch** (also asymmetrisch) gespalten, wobei ein Bromid-Ion entsteht. Der Mechanismus wird als **elektrophile Addition** bezeichnet und verläuft im Wesentlichen in drei Schritten (Abb. 10.13):

1. Anlagerung des Halogenmoleküls an die Doppelbindung,
2. »Rückseitenangriff« des Halogenid-Ions,
3. Bildung des halogenierten Kohlenwasserstoffmoleküls.

Abbildung 10.13

Elektrophile Addition von Brom an Ethen

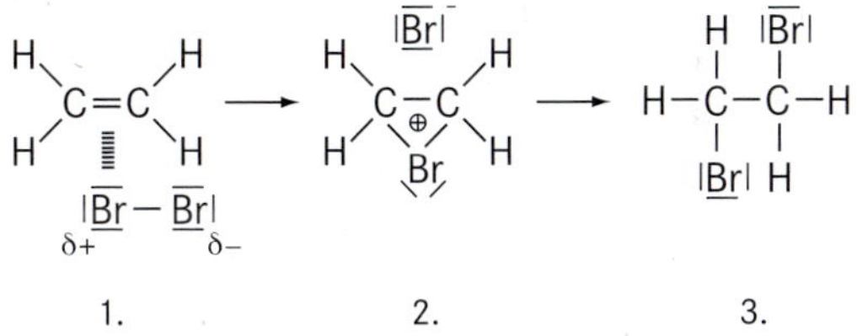

Panorama

Umweltchemie

DDT, ein komplexerer halogenierter Kohlenwasserstoff, wurde in tropischen Ländern mit Erfolg in der Malariabekämpfung großflächig eingesetzt. Wie viele Kohlenwasserstoffe ist DDT lipophil und reichert sich daher in der Nahrungskette an, da es nicht mit dem Urin ausgeschieden werden kann, sondern im Körperfett deponiert wird. Bei Eisbären hat man im Fettgewebe die – verglichen mit dem Meerwasser – millionenfache Konzentration des Nervengiftes DDT nachgewiesen.

10.10 Halogenalkane und Ozon

Phänomen

Vor einigen Jahren beobachteten Wissenschaftler zum ersten Mal ein drastisches Absinken der Ozonkonzentration in der Atmosphäre über dem Südpol. Das **Ozonloch** *ist seitdem ein Symbol für globale Schäden durch anthropogene Einflüsse.*

Bei der Analyse stellten sich als Ursache bestimmte halogenierte Kohlenwasserstoffe heraus. Es handelt sich um sogenannte **FCKW** (Fluor-Chlor-Kohlenwasserstoffe), die als Treibgase für Spraydosen und als Kühlmittel in Kühlschränken jahrelang verwendet wurden und so auch in die Atmosphäre gelangten.

In etwa 25 km Höhe befindet sich in der Atmosphäre die sogenannte **Ozonschicht.** Es handelt sich um eine Luftschicht, in der größere Mengen von Ozon (O_3) vorkommen. Das Ozon bildet sich dort unter dem Einfluss energiereicher UV-Strahlung der Sonne in einem radikalischen Prozess. Dabei wird ein Sauerstoffmolekül in zwei Sauerstoffradikale gespalten, die jeweils mit einem weiteren Sauerstoffmolekül ein Ozonmolekül bilden. Unter UV-B-Strahlung zerfällt das Ozon wieder in seine Edukte, sodass in einem Kreisprozess Ozon auf- und abgebaut wird, wobei ständig UV-Strahlung absorbiert wird.

$$2\ O_2 + O_2 \xrightleftharpoons[]{UV} 2\ O_2 + 2\ O: \xrightleftharpoons[UV]{} 2\ O_3$$

Wenn FCKW in den UV-reichen oberen Teil der Atmosphäre gelangen, bilden sie Halogen- und andere Radikale, die das Ozon katalytisch abbauen. Ein gebildetes Radikal kann dabei mit vielen Ozonmolekülen reagieren, bevor es selbst zersetzt wird. FCKW wurden daher nach und nach verboten, jedoch befindet sich ein gewisser Prozentsatz noch auf dem Weg in die Atmosphäre. Es wird noch ein paar Jahrzehnte dauern, bis alle anthropogenen FCKW in der Luft abgebaut sind.

Chemisch betrachtet ist Ozon ein aggressives Gas, das die Schleimhäute reizt und in größeren Konzentrationen im Schwimmbad alternativ zum Chlor auch zum Entkeimen von Wasser verwendet werden kann. Bodennahes Ozon ist deshalb als Bestandteil des sogenannten Sommersmogs für ältere Personen u. U. ein Gesundheitsrisiko. Es entsteht in Städten aus radikalischen Reaktionen von Luftsauerstoff mit Stickoxiden aus Autoabgasen.

Panorama
Evolution

Die Ozonschicht bildete sich erdgeschichtlich erst, nachdem marine Algen entstanden waren. Diese setzten durch Fotosynthese Sauerstoff frei, der sich – nachdem anorganische Reaktionspartner aufgebraucht waren – in der Atmosphäre anreicherte. Erst durch die Absorption der mutagenen UV-Strahlung durch die sich bildende Ozonschicht konnten sich Landlebewesen entwickeln. (Wasser absorbiert UV-Strahlung innerhalb der ersten Meter.)

Grundbegriffe
Kapitel 10

Kohlenwasserstoffe – homologe Reihe – Alkane (C_nH_{2n+2}) – gesättigte Kohlenwasserstoffe – unpolare Bindungen – Cycloalkane (C_nH_{2n}) – verzweigte Alkane – kleinere Oberfläche – Isomerie – Konstitutionsisomerie – IUPAC-Nomenklatur – Alkene (C_nH_{2n}) – Baeyer-Probe – Bromwasserprobe – Doppelbindung – Bindungsabstand – Bindungsenergie – Stereoisomere – freie Drehbarkeit – Z/Cis-Konfiguration – E/Trans-Konfiguration – ungesättigte Kohlenwasserstoffe – Alkine (C_nH_{2n-2}) – Petrochemie – fraktionierte Destillation – Treibhauseffekt – fossile Energieträger – Energie sparen – saurer Regen – regenerative Energien – homolytische Bindungstrennung – radikalische Substitution – heterolytisch – elektrophile Addition – Ozonloch – FCKW – Ozonschicht

11 Sauerstoffhaltige Kohlenwasserstoffe

11.1 Alkohole

Phänomen

Lässt man Spiritus in einem Erlenmeyerkolben eine Zeit lang sieden, so verdrängt der Alkoholdampf die vorhandene Luft. Hält man nun ein brennendes Stück Magnesium in die Alkoholatmosphäre, so brennt das Metall weiter. Es bildet sich (wie bei der Verbrennung an der Luft) ein weißer Feststoff, der als Magnesiumoxid (MgO) identifiziert werden kann.

Abbildung 11.1
Strukturformel von Ethanol

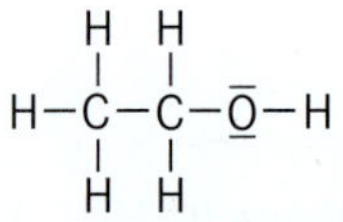

```
    H   H
    |   |
H — C — C — O — H
    |   |
    H   H
```

Da im Versuch kein Luftsauerstoff als Reaktionspartner vorhanden war, muss der Sauerstoff zur Bildung des Magnesiumoxids aus dem Alkohol stammen. Alkohol ist also eine »sauerstoffhaltige« Verbindung. Genauere Untersuchungen ergaben für Alkohol (= Ethanol) die Strukturformel in Abb. 11.1.

Der Vergleich mit Propan, das etwa die gleiche molare Masse und eine vergleichbare Größe aufweist, zeigt, dass die Siedetemperatur von Ethanol um etwa 120 °C höher liegt als die des Propans. Das gebundene Sauerstoffatom bewirkt offensichtlich große Unterschiede. Eine Atomgruppe innerhalb eines Moleküls, die die Eigenschaften des Stoffes bestimmt, wird als **funktionelle Gruppe** bezeichnet. Die funktionelle Gruppe der Alkohole ist die OH-Gruppe; sie wird **Hydroxy-Gruppe** (oder auch Hydroxyl-Gruppe) genannt.

Entsprechend der Größe des organischen Restes R–OH, der an die Hydroxy-Gruppe gebunden ist, kann man analog zu den Alkanen eine homologe Reihe der Alkohole (= **Alkanole**) aufstellen. Die Stoffe erhalten dabei den auf die Kohlenstoffzahl der längsten Kette bezogenen Stammnamen mit der Nachsilbe -ol, also Methanol (CH_3OH), Ethanol (C_2H_5OH), Propanol (C_3H_7OH) ... Die allgemeine Summenformel der Alkohole lautet damit **$C_nH_{2n+1}OH$**. Wenn man in der Umgangssprache von Alkohol spricht, so ist stets der Trinkalkohol (= Ethanol) gemeint.

Abbildung 11.2
Kettenlänge und Eigenschaften der Alkohole

H–OH
hydrophil
Wasser

H₃C–CH₂–OH
hydrophob | hydrophil
Ethanol

H₃C–(CH₂)₄–CH₂–OH
hydrophob | hydrophil
Hexanol

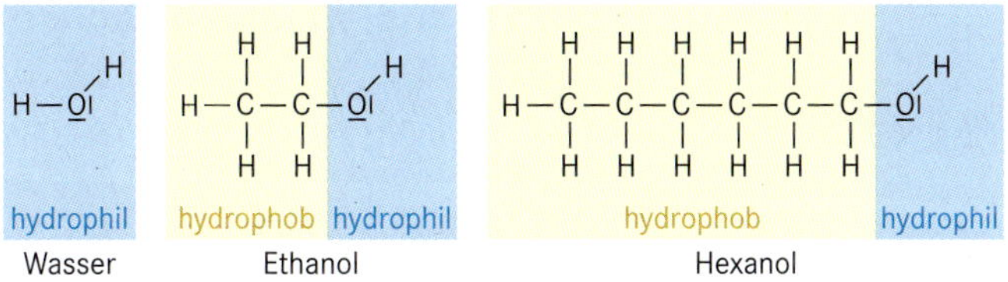

Abbildung 11.3
Strukturformel von Glycerin

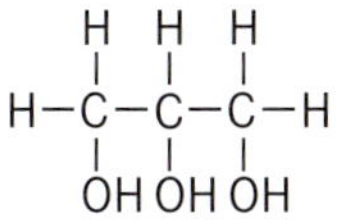

H₂C(OH)–CH(OH)–CH₂(OH)

Abbildung 11.4
Unterschiedliche Stellung der Hydroxy-Gruppe

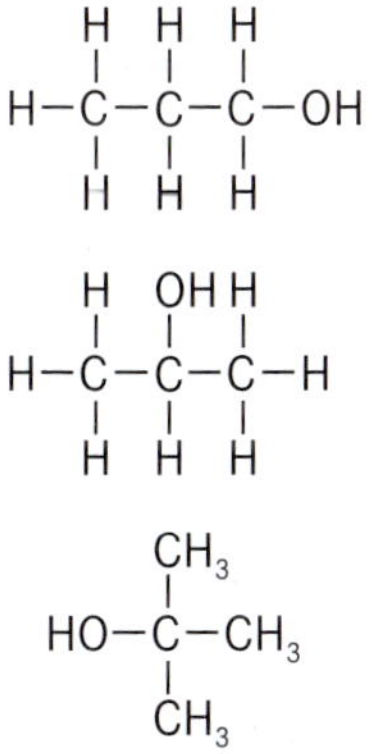

H₃C–CH₂–CH₂–OH

H₃C–CH(OH)–CH₃

(CH₃)₃C–OH

Panorama
Alkohol in Deutschland

Die Eigenschaften der Alkohole hängen stark von der Anzahl der Kohlenstoffatome in ihren Molekülen ab. Während die »kurzkettigen« Alkohole eher hydrophil sind (auch Wasser könnte man mit H-OH als »kleinen Bruder« von Methanol interpretieren), nehmen die lipophilen Eigenschaften bei langkettigen Alkoholen immer mehr zu, weil der Einfluss der polaren OH-Gruppe im Molekül stetig abnimmt (Abb. 11.2).

Moleküle mit mehreren Hydroxy-Gruppen werden **mehrwertige Alkohole** genannt. Ein dreiwertiger Alkohol ist beispielsweise Glycerin (Propan-1,2,3-triol, Abb. 11.3), das in Cremes vorkommt, aber auch eine wichtige Rolle im Stoffwechsel spielt. Auch Zucker enthalten mehrere Hydroxy-Gruppen (s. S. 116). Die Alkohole unterscheiden sich auch in der Position der Hydroxy-Gruppe. Steht sie endständig, spricht man von einem **primären Alkohol**. Ist das Kohlenstoffatom, das die funktionelle Gruppe trägt, mit zwei weiteren Kohlenstoffatomen verbunden, bezeichnet man den Stoff als **sekundären Alkohol**. Bei einem **tertiären Alkohol** befindet sich kein Wasserstoffatom mehr an dem betreffenden Kohlenstoffatom (Abb. 11.4).

Jeder Deutsche trinkt im Durchschnitt ca. 9 Liter reinen Alkohol im Jahr, also umgerechnet einen halben Liter Bier pro Tag. Dies entspricht ziemlich genau der (regelmäßig konsumierten) Menge, die bei Frauen als kritischer Konsum bezeichnet wird. Leider muss man von ca. einer Million (mit einer Dunkelziffer bis vier Millionen) alkoholabhängigen Patienten in Deutschland ausgehen. Ob der eigene Konsum eines Genussmittels bezüglich des Suchtpotenzials als kritisch einzuschätzen ist, kann man leicht testen: Man muss nur versuchen, ein paar Wochen darauf zu verzichten.

11.2 Ethanol als nachwachsender Rohstoff

Phänomen

In Brasilien gibt es seit langem Motoren, die auf Alkohol statt auf Benzin ausgelegt sind. Damit wird dem großflächigen Anbau von Zuckerrohr Rechnung getragen, das damit nicht nur zur Zucker-, sondern auch zur Treibstoffproduktion verwendet werden kann.

Hefen zersetzen den Zucker in einer mehrstufigen enzymatischen Reaktion zu Kohlenstoffdioxid und Alkohol. Der gleiche Vorgang, der **alkoholische Gärung** genannt wird, findet auch bei der Herstellung von Wein und Bier statt, nur dass der Zucker in diesem Fall aus Traubensaft bzw. Gerste stammt:

$$C_6H_{12}O_6 \xrightarrow{\text{[Hefe]}} 2\,CO_2 + 2\,C_2H_5OH$$

Der Alkohol wird zur weiteren Verwendung durch Destillation konzentriert und durch Zusätze vergällt (ungenießbar gemacht). Damit wird verhindert, dass preiswerter trinkbarer Alkohol auf den Markt kommt.

Alkohol kann im Motor wie Benzin verbrannt (s. S. 98) oder über eine Brennstoffzelle (s. S. 86) zur Erzeugung von Strom verwendet werden. Der Vorteil des Alkohols besteht darin, dass die fossilen Ressourcen geschont werden und dass nur die Kohlenstoffdioxidmenge erzeugt wird, die in der jüngeren Vergangenheit durch Fotosynthese gebunden wurde. Auch Rapsöl wird zur Erzeugung von nachwachsendem Dieselersatz eingesetzt. Eine Ausweitung der Anbaufläche ist aber gerade im dicht besiedelten Deutschland nur begrenzt möglich (s. S. 107). Darüber hinaus ist der großflächige Anbau von Monokulturen aus ökologischer Sicht problematisch.

Bei dem BTL-Verfahren (»biomass to liquid«) wird organisches Material thermisch zersetzt und in einem Reaktor katalytisch zu flüssigen Treibstoffen umgewandelt. Der Vorteil besteht darin, dass nicht nur die Frucht (wie beim Raps), sondern die ganze Pflanze oder auch Holzreste verwertet werden können. Der Treibstoffertrag pro Hektar ist daher größer. Noch größer ist die Ausbeute allerdings, wenn das organische Material mikrobiologisch oder enzymatisch zu Biogas zersetzt und direkt im Motor (oder Heizkraftwerk) verwendet wird.

Bei einigen **nachwachsenden Treibstoffen** ist jedoch – falls überhaupt möglich – eine teure Umrüstung des Motors nötig. Dies zeigt, dass die Anpassung der motorisierten Gesellschaft nur langsam erfolgen kann - aber auch muss. Dass derartige großflächige Veränderungen möglich sind, zeigt die Einführung des bleifreien Benzins in den 1990er-Jahren, das zunächst nur an einzelnen Tankstellen verfügbar war und das verbleite Benzin nach und nach ersetzte.

Panorama
Umweltpolitik

2008 begann die Regierung in Deutschland, ein Gesetz voranzutreiben, durch das im käuflichen Benzin ein Mindestanteil an Kraftstoff aus nachwachsenden Rohstoffen vorgeschrieben worden wäre. Gleichzeitig explodierten in vielen Gegenden der Welt die Preise für Grundnahrungsmittel, was weltweit zu Demonstrationen und Gewalttätigkeiten führte. Ob Anbauflächen, die für Nahrungsmittel geeignet sind, für den Anbau von Treibstoffen verwendet werden dürfen, ist eine ungelöste »global-ethische« Frage. Deshalb und wegen anderer (z. B. technischer) Probleme war die Gesetzesvorlage nicht durchsetzbar.

11.3 Oxidationsreaktionen

Phänomen

Erhitzt man eine Kupfernetzrolle stark an der Luft, verfärbt sie sich beim Abkühlen durch das gebildete Kupfer(II)-oxid schwarz. Erhitzt man sie ein zweites Mal und taucht sie in Ethanol, so wird das Kupfer wieder blank. Gleichzeitig tritt ein unangenehmer, leicht süßlicher Geruch auf (Abzug!).

Da die Reaktion vom Kupfer zum Kupferoxid eine Oxidation darstellt, muss als Rückreaktion zum elementaren Kupfer eine Reduktion ablaufen. Dies wiederum bedeutet, dass Alkohol als Reaktionspartner oxidierbar ist. Diese Eigenschaft ist auch mit anderen Reagenzien prüfbar.

Abbildung 11.5
Aldehyd-Gruppe

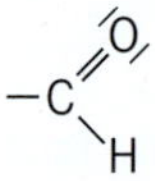

$-C\overset{\nearrow O}{\underset{H}{\diagdown}}$

Die Hydroxy-Gruppe wird in dieser Reakton zur **Aldehyd-Gruppe** (Abb. 11.5) oxidiert:

$C_2H_5OH + 2\,OH^- \rightarrow CH_3\text{-}CHO + 2\,e^- + 2\,H_2O$

Die Reduktionsreaktion verläuft nach folgendem Schema:

$Cu^{2+} + 2\,e^- \rightarrow Cu$

Als Redoxreaktion wäre demnach folgende Gesamtgleichung zu formulieren:

$C_2H_5OH + Cu^{2+} + 2\,OH^- \rightarrow Cu + CH_3\text{-}CHO + 2\,H_2O$

Das Oxidationsprodukt ist vom verwendeten Alkohol abhängig. Bei **primären Alkoholen** entstehen – wie gerade beschrieben – Aldehyde. **Sekundäre Alkohole** reagieren zu Ketonen. **Tertiäre Alkohole** reagieren unter diesen Bedingungen nicht. Man könnte sie aber mit Sauerstoff verbrennen.

Panorama
Alkohol am Steuer

Der Alkoholtest im Straßenverkehr beruht darauf, dass eine Person, die Alkohol im Blut hat, diesen in gleichem Verhältnis auch ausatmet. Beim Test muss der Fahrer einen Plastikbeutel aufblasen. Diese Menge Atemluft wurde früher durch ein Röhrchen gedrückt, das gelbes Kaliumchromat als Oxidationsmittel enthielt. Bei Anwesenheit von Alkohol färbte sich dieses infolge der Redoxreaktion grün. In diesem Fall wurde ein Bluttest zur genaueren Bestimmung angeordnet. Inzwischen wurden die Röhrchen durch elektronische Geräte ersetzt.

11.4 Carbonylverbindungen

`Phänomen`

In Kapitel 11.3 (s. S. 107) wurde bereits darauf hingewiesen, dass bei der Oxidation von Ethanol ein neuer Stoff mit einem süßlichen Geruch entsteht. Acetaldehyd (= Ethanal) hat sich gebildet. Dieser ist jedoch gesundheitsschädlich, weshalb man den Versuch im Abzug durchführt.

Abbildung 11.6
Allgemeine Strukturformel der Aldehyde

Die Stoffklasse der **Aldehyde** oder **Alkanale** entspricht der allgemeinen Summenformel R–CHO (Abb. 11.6). Die Reihenfolge in dieser Abkürzung wird gewählt, um die Aldehyd-Gruppe

Merkhilfe

Aldeyhyde entstehen aus der Oxidation von Alkoholen: A̲l(kohol)-dehyd(rogenatus).

Abbildung 11.7

Silberspiegelprobe

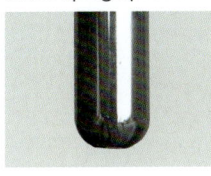

Abbildung 11.8

Fehling-Reaktion

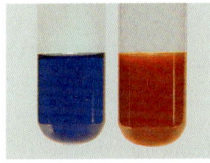

Abbildung 11.9

Allgemeine Strukturformel der Ketone

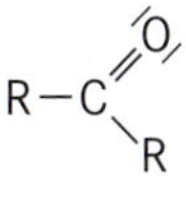

$$R-C\underset{R}{\overset{\nearrow O}{=}}$$

Panorama

Medizin

von der Hydroxy-Gruppe R–OH zu unterscheiden. Man benennt die Vertreter mit dem Stammnamen der Alkane und der Nachsilbe -al, also Methanal, Ethanal, Propanal usw., wobei vor allem bei den niedrigen Vertretern der Reihe häufig Trivialnamen verwendet werden.

Aldeyhyde entstehen aus der Oxidation von Alkoholen. Dabei handelt es sich nur um eine partielle Oxidation, da Aldehyde noch zu Carbonsäuren (s. S. 111) oxidiert werden können.

Die Oxidierbarkeit kann z. B. durch die **Silberspiegelprobe** überprüft werden. Dazu wird die Substanz mit ammoniakalischer Silbernitratlösung versetzt und erhitzt. Es scheidet sich an der Glaswand eine spiegelnde Silberschicht ab (Abb. 11.7). Bei der **Fehling-Reaktion** werden »Fehling I« (wässrige Lösung von Kupfer(II)-sulfat) und »Fehling II« (verdünnte Natronlauge mit einem Komplexbildner) gemischt und mit der Substanz erhitzt. In Anwesenheit oxidierbarer Stoffe fällt ziegelrotes Kupfer(I)-oxid aus (Abb. 11.8).

Der bekannteste Aldehyd ist Methanal oder Formaldehyd. Er stellt ein wichtiges Edukt für verschiedene Synthesen dar, kam jedoch immer mehr in die Kritik, als er in Verdacht geriet, Krebs auszulösen. Inzwischen wurde Formaldehyd in vielen Anwendungen durch Ersatzstoffe substituiert.

Aus den sekundären Alkoholen (s. S. 105) entstehen **Ketone** oder **Alkanone** (Abb. 11.9), deren bekanntester Vertreter das Propanon (= »Aceton«) ist, das lange der wichtigste Bestandteil von Nagellackentfernern war.

Die funktionelle Gruppe, die beide Stoffklassen teilen, ist die **Carbonyl-Gruppe** (C=O). Wegen der unterschiedlichen Elektronegativität trägt das Kohlenstoffatom eine positive Teilladung und ist daher ein guter Ansatzpunkt, um eine neue Gruppe in das Molekül einzuschleusen.

Die wässrige Lösung von Methanal ist in der Medizin als Formalin bekannt. Sie diente als Desinfektionsmittel und findet als Konservierungsmittel für Organe in der Anatomie (z. B. für Leichen zur Sektion) und für die Mikroskopie Verwendung.

→ **Methode**

Oxidationszahlen in organischen Verbindungen

Hinweis

Zur Ermittlung der OZ gibt es zwei Möglichkeiten. Wenn es nicht auf einzelne Atome ankommt, kann man die OZ nach der Summenformel bestimmen (s. S. 79). Häufig ist es jedoch interessant zu wissen, welches Atom oxidiert wurde.

Aufgabe: Die Oxidationszahl (OZ) der beteiligten Atome in Ethanol soll bestimmt werden.

1. **Valenzstrichformel des Moleküls aufschreiben (mit allen freien Elektronenpaaren):**

$$H-\underset{\underset{H}{|}}{\overset{\overset{H}{|}}{C}}-\underset{\underset{H}{|}}{\overset{\overset{H}{|}}{C}}-\bar{\underline{O}}-H$$

2. **Zuordnung der Bindungselektronen:**
   - Bei einer polaren Bindung werden dem elektronegativeren Partner alle Bindungselektronen zugerechnet.
   - Bei einer unpolaren Bindung wird den beiden Partnern jeweils die Hälfte der Bindungselektronen zugeordnet.

$$H\!\mid\!\underset{\underset{H}{\mid}}{\overset{\overset{H}{\mid}}{C}}\!\mid\!\underset{\underset{H}{\mid}}{\overset{\overset{H}{\mid}}{C}}\!\mid\!\bar{\underline{O}}\!\mid\!H$$

3. **Elektronen bei jedem Atom zählen:**

(0E) H — 7E C — 8E O — H (0E)
(mit 5E am C, 0E an den übrigen H)

Hinweis

Die OZ ist bei Molekülen im Gegensatz zu Atomionen eine formale Größe, da in Molekülen keine vollständigen Elektronenübergänge stattfinden.

4. **Oxidationszahl errechnen:**

OZ = Hauptgruppennummer – aktuelle Elektronenzahl

$$\overset{+I}{H}-\overset{-III}{\underset{\underset{\overset{|}{H}}{|}}{\overset{\overset{+I}{H}}{|}}}C-\overset{-I}{\underset{\underset{\overset{|}{H}}{|}}{\overset{\overset{+I}{H}}{|}}}C-\overset{-II}{\bar{\underline{O}}}-\overset{+I}{H}$$

Dies hat zur Folge, dass ein Atom, das weniger Elektronen hat, als die Zahl der Hauptgruppennummer angibt, eine positive Oxidationszahl erhält. Es hat daher Elektronen abgegeben, ist also oxidiert worden. Das Gleiche gilt in umgekehrter Weise für die Reduktion.

11.5 Carbonsäuren

Phänomen

Taucht man ein Stück Magnesiumband in reine Essigsäure, so ist keine Reaktion zu erkennen. Erst beim Verdünnen mit Wasser bildet sich am Magnesium Wasserstoff.

Reine Essigsäure (Ethansäure) zeigt ihre sauren Eigenschaften offensichtlich erst nach der Reaktion mit Wasser. Dabei gibt sie, wie alle Säuren, ein Proton an Wasser ab, wodurch sich Acetat-Ionen und Oxonium-Ionen bilden (Gleichung a), die mit dem Magnesium zu Wasserstoff reagieren (b). Beim Eindampfen der Lösung entsteht Magnesiumacetat (c), das Magnesiumsalz der Essigsäure:

a) $2\,CH_3\text{-}COOH + 2\,H_2O \rightarrow 2\,CH_3COO^- + 2\,H_3O^+$
Essigsäure   Acetat-Ion

b) $2\,H_3O^+ + Mg \rightarrow Mg^{2+} + H_2 + 2\,H_2O$

c) $2\,CH_3COO^- + Mg^{2+} \rightarrow Mg(CH_3COO)_2\downarrow$

Abbildung 11.10
Säure und Anion

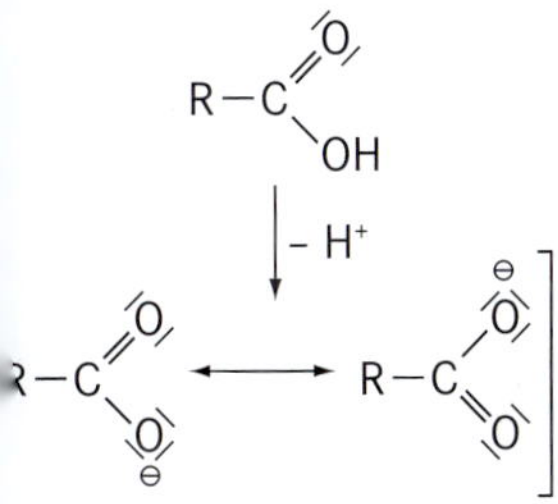

Die Struktur der **Carboxy-Gruppe** (auch »Carboxyl-Gruppe« genannt; = funktionelle Gruppe der Säuren) und des **Carboxylat-Ions** sind in der Abbildung 11.10 angegeben. Das von der Säure abgegebene Proton stammt offensichtlich aus der Hydroxy-Gruppe und nicht aus dem organischen Rest –R. Dass die Hydroxy-Gruppe in diesem Fall – im Gegensatz zu den Alkoholen – sauer reagiert, muss mit dem zweiten Sauerstoffatom zu tun haben und hat mehrere Ursachen.

Unter anderem ist aufgrund des starken Unterschieds in der Elektronegativität am Kohlenstoffatom bereits eine positive Teilladung zu finden. Das Sauerstoffatom der Hydroxy-Gruppe kann daher »nicht mehr« so viel Elektronendichte abziehen, was zu einer stärkeren Polarisierung der H-O-Bindung führt. Somit wird das Wasserstoffatom leichter als Proton abgespalten.

Je nach Größe des organischen Rests entsteht wieder eine homologe Reihe der Carbonsäuren oder **Alkansäuren** (also Methansäure, Ethansäure …), die Anionen heißen Alkanoate (also Methanoat, Ethanoat, s. Tab. 11.1).

Tabelle 11.1
Wichtige Carbonsäuren, ihre Anionen und Trivialnamen

Säure	Trivialname	Anion	Trivialname
Methansäure	Ameisensäure	Methanoat	Formiat
Ethansäure	Essigsäure	Ethanoat	Acetat
Propansäure	Propionsäure	Propanoat	Propionat
Butansäure	Buttersäure	Butanoat	Butyrat

Abbildung 11.11
Säuredimere sind über Wasserstoffbrücken verbunden.

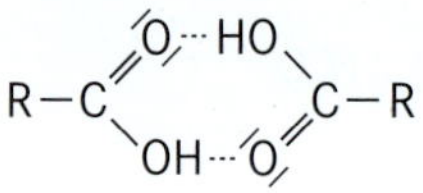

$$R-C\underset{OH\cdots O}{\overset{O\cdots HO}{\lessgtr}}C-R$$

Panorama
Alltag

Wie bei den Alkoholen sind auch nur die »kurzkettigen« Vertreter wasserlöslich. Die Siedetemperaturen der Säuren sind – bezogen auf vergleichbare Alkane – relativ groß. Dies liegt an der Möglichkeit der Säuren über ihre »Gabelstruktur« mittels Wasserstoffbrücken **Dimere** (Abb. 11.11) zu bilden, wodurch sich Größe und Masse des Moleküls praktisch verdoppeln.

Abgesehen von ihrer zentralen Bedeutung im Zellstoffwechsel finden wir zahlreiche organische Säuren im Alltag: Citronensäure zum Entkalken, verdünnte Essigsäure als Speiseessig, Benzoesäure als Konservierungsmittel, Alkalisalze höherer Säuren als Seife, Acetylsalicylsäure (= Aspirin) als Schmerzmittel ...

11.6 Ester

Phänomen

Butansäure (Buttersäure) hat einen so unangenehmen Geruch, dass schon das Riechen einen Brechreiz auslösen kann. Kocht man sie längere Zeit in einem geschlossenen Gefäß mit (fast geruchlosem) reinem Ethanol unter Zusatz von etwas konzentrierter Schwefelsäure, duftet die Mischung nach Ananas.

Da die Kenneigenschaften der Edukte nicht mehr zu beobachten sind, müssen beide Stoffe miteinander reagiert haben. Aus einer Carbonsäure und einem Alkohol ist ein **Ester** entstanden. Die Bezeichnung dieser Verbindungen erfolgt nach folgendem Schema: »Carbonsäure-Alkylrest (des Alkohols)-Ester«, in diesem Fall also Butansäureethylester. Da sich bei der Veresterung zwei Moleküle unter Abspaltung von Wasser verbinden, handelt es sich um eine Kondensation.

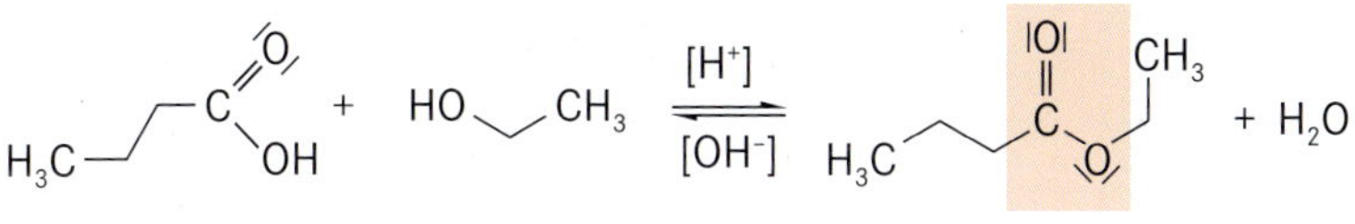

$$H_3C\text{-}CH_2\text{-}C(=O)\text{-}OH + HO\text{-}CH_2\text{-}CH_3 \underset{[OH^-]}{\overset{[H^+]}{\rightleftharpoons}} H_3C\text{-}CH_2\text{-}\underset{\text{Ester-Gruppe}}{C(=O)\text{-}O\text{-}CH_2\text{-}CH_3} + H_2O$$

Abbildung 11.12
Estersynthese

Das gebildete Wasser hat das Potenzial, mit dem Produkt eine Rückreaktion einzugehen und den Ester in einer **Hydrolyse** (Zersetzung unter Wasseranlagerung) zu spalten. Um das zu vermeiden, kann man die Lage des Gleichgewichts mit einigen Maßnahmen auf die Seite der Produkte verschieben:
- Konzentrierte Schwefelsäure wirkt als wasserentziehendes Mittel, da sich Wasser darin unter einer stark exothermen Reaktion löst. So wird die Rückreaktion (s. S. 115) verhindert. Gleichzeitig dient Schwefelsäure als Katalysator und beschleunigt die Einstellung des Gleichgewichts.
- Der Ester wird laufend abdestilliert oder abgeschöpft.
- Die billigere bzw. ungefährlichere Komponente (hier: der Alkohol) wird im Überschuss eingesetzt.

Die Ester sind eine Stoffklasse, die in vielen Bereichen des Alltags eine Rolle spielen. »Naturidentische Aromastoffe«, die als Fruchtaromen z. B. in Süßigkeiten eingesetzt werden, sind häufig Ester. Aspirin (Salicylsäureethylester) ist vermutlich das am häufigsten gekaufte Medikament in Deutschland. Wenn man Rapsöl als Dieselersatz verwenden möchte, wird es zunächst in Rapsölmethylester umgewandelt. Die biologischen Fette und Öle, die im Körper zahlreiche Funktionen haben, sind Glycerinester. Als Lösungsmittel von Alleskebern kennt man den Geruch von Essigsäureethylester.

Panorama
Wissenschaftsgeschichte

Aus der Veresterung von Glycerin mit drei Molekülen Salpetersäure entsteht das Nitroglycerin. Es ist zwar ein wirksamer Sprengstoff, aber wegen seiner Empfindlichkeit gegenüber mechanischer Einwirkungen schwierig zu handhaben. Alfred Nobel gelang es, Nitroglycerin mit Kieselgur in stabiles Dynamit umzuwandeln. Von den Erträgen seines Erbes, das aus den Tantiemen für die Patentrechte seiner Erfindung stammt, wird jedes Jahr die Vergabe der Nobelpreise finanziert.

Grundbegriffe
Kapitel 11

Alkohole – funktionelle Gruppe – homologe Reihe der Alkanole ($C_nH_{2n+1}OH$) – Hydroxy-Gruppe – mehrwertige Alkohole – nachwachsende Rohstoffe – alkoholische Gärung – nachwachsende Treibstoffe – Aldehyd-Gruppe – primäre Alkohole – sekundäre Alkohole – tertiäre Alkohole – Carbonylverbindung – Aldehyd – Alkanal – Silberspiegelprobe – Fehling-Reaktion – Keton – Alkanon – Carbonyl-Gruppe – Carbonsäuren – Carboxy-Gruppe – Carboxylat-Ion – Alkansäuren – Dimere – Ester – Esterhydrolyse

12 Biomoleküle

12.1 Fette

Phänomen

Ein Fettfleck von der letzten Mahlzeit bleibt auch nach einiger Zeit als dunkler Fleck in der Kleidung. Diese Erscheinung kann man als »Fettfleckprobe« zum Nachweis von Fetten ausnutzen: Fett hat eine viel höhere Siedetemperatur als Wasser und verdunstet daher bei Raumtemperatur kaum.

Fette entstehen durch die Veresterung von drei langkettigen Carbonsäuren mit Glycerin. Deshalb heißen diese Carbonsäuren auch Fettsäuren (Abb. 12.1). Da sie im Stoffwechsel aus Einheiten von 2 Kohlenstoffatomen gebildet werden, ist ihre Kohlenstoffzahl immer geradzahlig.

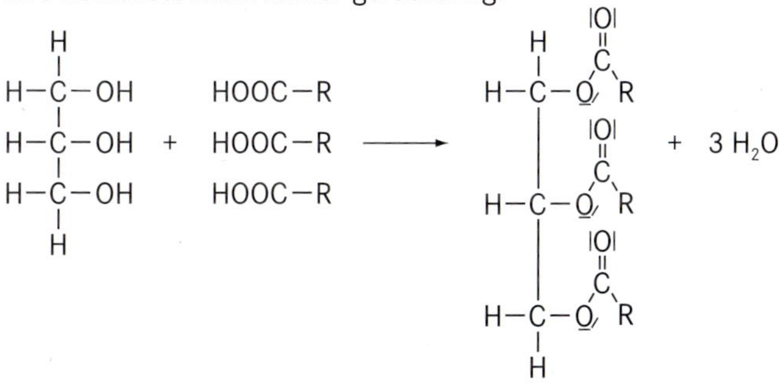

Hinweis

Da bei der Kondensation die polaren Carboxy-Gruppen der Fettsäuren und die Hydroxy-Gruppen des Alkohols verbunden werden, entsteht ein unpolares Molekül. Die Ester-Gruppe weist nicht genügend Polarität auf, um den Einfluss der langkettigen Kohlenwasserstoffreste zu kompensieren (vgl. S. 105).

$$\begin{array}{c} H \\ | \\ H-C-OH \\ | \\ H-C-OH \\ | \\ H-C-OH \\ | \\ H \end{array} + \begin{array}{c} HOOC-R \\ HOOC-R \\ HOOC-R \end{array} \longrightarrow \begin{array}{c} H \quad\; \|O\| \\ | \quad\;\; \| \\ H-C-O\;\;C-R \\ | \quad\;\; \|O\| \\ H-C-O\;\;C-R \\ | \quad\;\; \|O\| \\ H-C-O\;\;C-R \\ | \\ H \end{array} + 3\,H_2O$$

Fette sind unpolar und damit namensgebend für das Lösungsverhalten von lipophilen (= hydrophoben) Stoffen.
Natürliche Fette werden in der Regel aus Samen (wie Sonnenblumenkerne, Nüsse ...) gewonnen, in denen sie als **Reservestoffe** gespeichert sind. Extrahiert man die Fette zum Beispiel mit Benzin, erkennt man, dass es sich beim Extrakt nicht um einen Reinstoff handelt, sondern um ein Gemisch verschiedener Stoffe. Fette haben daher auch keine definierte Schmelztemperatur, sondern einen **Schmelzbereich**.

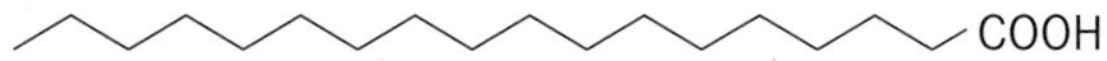

Abbildung 12.1

Fettsäuren sind langkettige Carbonsäuren.

/\/\/\/\/\/\/\COOH
Stearinsäure

/\/\/\/\/=\/\/\COOH
Ölsäure

Dabei ist auffällig, dass die tierischen Fette (z. B. Butter) bei Raumtemperatur Feststoffe sind, während pflanzliche Öle flüssig sind. Gleichzeitig weiß man aus der Ernährungslehre, dass die für den Körper wichtigen **ungesättigten Fettsäuren** nur in pflanzlichen Fetten enthalten sind, in tierischen Fetten dagegen fehlen. Der Name deutet bereits darauf hin, dass deren Alkylreste Doppelbindungen enthalten (Abb. 12.1). Da immer eine Z-Konfiguration vorliegt, behindern sich die gewinkelten Kohlenwasserstoffreste mehr als bei den gestreckten gesättigten Molekülen. Die Bildung eines Kristalls erfolgt daher erst bei tieferen Temperaturen.

Panorama

Ernährung

Obwohl Fette häufig in der Werbung zu einer Art »Klassenfeind« gesunder Ernährung erklärt werden, ist ein Körperfettgehalt von mindestens 4 % für den Organismus lebensnotwendig. Das Fettgewebe dient der Wärmeisolierung, der mechanischen Polsterung innerer Organe und stellt einige Hormone her, die im Energie- und Baustoffwechsel eine Rolle spielen. Fettartige Stoffe begrenzen jede Zelle und werden zur Aufnahme von bestimmten Vitaminen benötigt.

12.2 Zucker als Kohlenhydrate

Abbildung 12.2

Glucose (links) und Fructose (rechts)

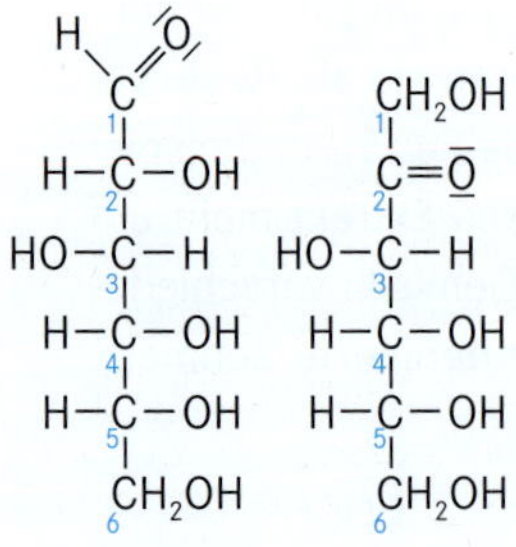

Bei der Verkokung von Zucker im Reagenzglas lässt sich Wasser freisetzen (s. S. 89). Da sich darüber hinaus die Formel von Traubenzucker ($C_6H_{12}O_6$) auch als $C_6(H_2O)_6$ schreiben ließe, entstand der Begriff Kohlenhydrate. Weil einige Verbindungen existieren, die der allgemeinen Formel $C_x(H_2O)_y$ entsprechen, jedoch keine Kohlenhydrate sind und umgekehrt, definiert man deshalb Kohlenhydrate richtiger als **Polyhydroxycarbonylverbindungen** und ihre Polymere.

Der chemisch wichtigste Zucker ist vermutlich die **Glucose** (= Traubenzucker). In der Abbildung sind die Aldehyd-Gruppe am C_1-Atom und fünf Hydroxy-Gruppen an den übrigen Kohlenstoffatomen zu erkennen. Die **Fructose** besitzt eine Keto-Gruppe am C_2-Atom, ist der Glucose in der übrigen Anordnung jedoch sehr ähnlich (Abb. 12.2).

An den Kohlenstoffatomen liegt eine tetraedrische Umgebung vor. Eine Zeichnung auf Papier stellt daher immer eine Projektion dar. Die vorliegende Darstellung wird als **Fischer-Projektion** bezeichnet. Dabei zeigen waagrecht gezeichnete Atome nach vorne, senkrecht gezeichnete Atome nach hinten.

Abbildung 12.3
Ringbildung der Glucose

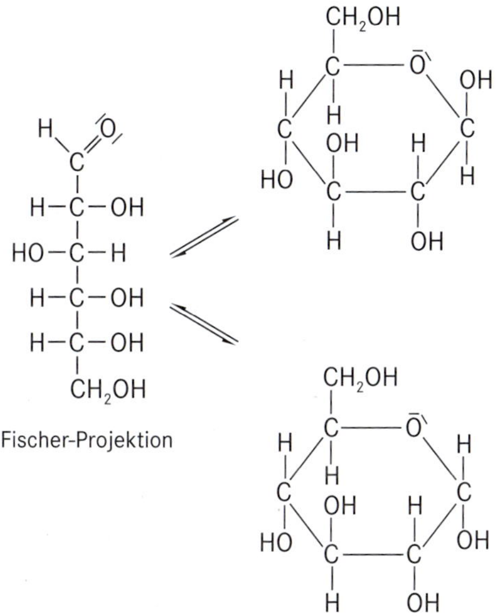

Fischer-Projektion

β-Glucose

α-Glucose

Hinweis

In wässriger Lösung stellt sich immer ein Gleichgewicht zwischen α-D-Glucose (36 %), β-D-Glucose (64 %) und der offenkettigen Form (< 0,1 %) ein.

Als Folge des elektrophilen Kohlenstoffatoms in der Carbonyl-Gruppe existiert die Möglichkeit eines intramolekularen Ringschlusses zwischen dem C_1- und dem C_5-Atom. Steht die OH-Gruppe am C_1-Atom bei dem daraus resultierenden Ring nach unten, spricht man von **α-D-Glucose**, zeigt sie nach oben, von **β-D-Glucose**.

Panorama

Medizin

Um den Körperzellen Brennstoff für die Zellatmung zu liefern, befindet sich im Blut stets eine bestimmte Menge an Glucose (= der »Blutzucker«). Diabetiker messen ihre Konzentration über eine Farbreaktion des Enzyms Glucose-Oxidase (GOD), die vom Messgerät quantitativ umgesetzt und als Konzentration in mg/100 ml Blut angegeben wird. Der Wert sollte zwischen 80 und 100 liegen. Ein Wert unter 35 ist lebensbedrohlich (»Unterzucker«), da das Gehirn nur Glucose und kein Fett verarbeiten kann.

12.3 Polysaccharide

Phänomen

Kocht man eine Stärkelösung mit Salzsäure, so spricht das Hydrolysat sowohl auf die Fehling- als auch auf die GOD-Probe an. Das bedeutet, dass Stärke aus Glucoseeinheiten aufgebaut ist.

Auch Zuckermoleküle können als Monomere größere Moleküle aufbauen. Bei der Reaktion von zwei Glucosemolekülen entsteht Maltose. Dabei werden zwei Hydroxy-Gruppen unter Wasserabspaltung kondensiert. Je nachdem, welche Hydroxy-Gruppen und welche Monomere reagieren, unterscheiden sich die **Disaccharide** in ihren Kenneigenschaften, beispielsweise in ihrer Reduktionsfähigkeit. Auch der Haushaltszucker **Saccharose** ist ein Disaccharid aus Glucose und Fructose.

Werden Polymere aus vielen Zuckern gebildet, so spricht man von **Polysacchariden**. **Stärke** entsteht aus der Kondensation von Tausenden von α-Glucosemolekülen, wobei immer das C_1-Atom des einen Moleküls mit dem C_4-Atom des nächsten verbunden ist. Es sind jedoch auch Verzweigungen durch Verbindungen an anderen Kohlenstoffatomen möglich. Durch diese Anordnung erhält die Stärke eine schraubenartige Struktur, die Iodmoleküle einlagern kann. Darauf beruht der Nachweis der Stärke, die bei Zugabe von elementarem Iod einen blauschwarzen Farbstoff bildet (Abb. 12.4).

Stärke ist leicht zu spalten und daher ein guter zellulärer Reservestoff, der bei »Energieüberschuss« gebildet und bei Bedarf gespalten wird.

In der **Cellulose** sind viele β-Glucosemoleküle verknüpft. Dadurch ergibt sich eine lineare Anordnung der Polymere, die sich zu Cellulose-Fibrillen zusammenlagern können. Diese Fasern bilden die Basis für die zugfeste pflanzliche Zellwand, deren Hauptbestandteil die Cellulose darstellt. Sie ist außerdem die Basis für »Zellstoff«, der z. B. für Papier und Verbandsmaterial verwendet wird. Cellulose reagiert mit »Iod-Zinkchlorid«-Lösung zu einem blauen Farbstoff.

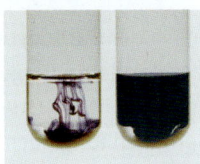

Abbildung 12.4
Stärkenachweis mit Iod

Hinweis

Im menschlichen Körper sind etwa 200 g Stärke als Glycogen gespeichert. Dieser Vorrat reicht für 30 bis 40 Minuten Ausdauersport. Erst danach ist der Körper auf Fettreserven angewiesen.

12.4 Aminosäuren

Phänomen

Die Aminosäure Glycin hat die Formel $NH_2\text{-}CH_2\text{-}COOH$ und reagiert in Wasser gelöst leicht sauer. Sie unterscheidet sich in der molaren Masse und Molekülgröße praktisch nicht von Propansäure, hat aber eine um ca. 250 °C höhere Siedetemperatur.

Abbildung 12.5

Zwitterion

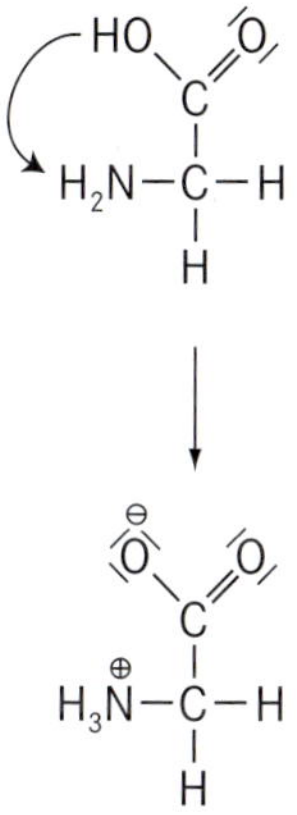

Zwischen den Aminosäuren müssen daher starke intermolekulare Kräfte auftreten. Da die saure Reaktion nicht so stark ausfällt wie bei einer Carbonsäure, muss außerdem ein basischer Einfluss vorhanden sein. Dies lässt sich über die Amino-Gruppe erklären, die mit $R\text{-}NH_2$ ein Derivat des basisch reagierenden Ammoniaks ($H\text{-}NH_2$) darstellt. Aminosäuren sind damit Beispiele von **bifunktionellen Molekülen** (also Teilchen mit zwei funktionellen Gruppen).

In saurem Milieu wird die basische Amino-Gruppe zur $R\text{-}NH_3^+$-Gruppe protoniert. In alkalischem Milieu gibt die Carboxy-Gruppe ein Proton ab und reagiert zum Carboxylat-Anion $R\text{-}COO^-$. Da sich Säuren und Laugen neutralisieren, kann die Amino-Gruppe auch das Proton der Säure aufnehmen. Dabei entsteht ein **Zwitterion** mit einer positiven und einer negativen Ladung (Abb. 12.5). Der pH-Wert, bei dem ein maximaler Anteil an Zwitterionen in der Lösung vorliegt, heißt der **Isoelektrische Punkt (IEP)** und ist für jede Aminosäure kennzeichnend.

Die Zwitterionen orientieren sich im festen Zustand mit den jeweils umgekehrten Ladungen zueinander an. Somit entsteht eine – den Salzen vergleichbare – Gitterstruktur. Da die Teilchen durch Ionenbindungen zusammengehalten werden, wird eine hohe Schmelztemperatur benötigt, um den Verband zu lösen. Viele Aminosäuren zersetzen sich daher bereits, bevor sie schmelzen.

Abbildung 12.6

Allgemeine Strukturformel der Aminosäuren (R = organischer Rest)

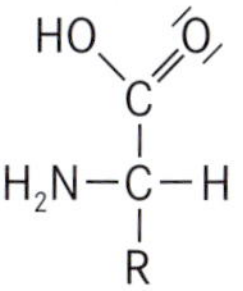

Im natürlichen Stoffwechsel treten über 20 verschiedene Aminosäuren auf, die sich gemäß der Abbildung nur im organischen Rest -R unterscheiden (Abb. 12.6). Dabei existieren u. a. Moleküle mit zusätzlichen Amino-Gruppen, Carboxy-Gruppen oder großen organischen Resten.

Panorama
Ernährung

Etwa die Hälfte der im menschlichen Körper benötigten Aminosäuren ist essenziell, muss also mit dem Eiweiß der Nahrung zugeführt werden. Die empfohlene Eiweißmenge entspricht dabei etwa 1 g pro kg Körpergewicht und Tag. Veganer sollten etwas mehr zu sich nehmen, da sich die Zusammensetzung des pflanzlichen Eiweißes vom menschlichen stärker unterscheidet als die des tierischen.

12.5 Proteine

Phänomen

Wenn man ein Ei hart kocht, erstarrt das Eiklar zu einer weißen Masse. Vermutlich wegen dieses Farbwechsels und des hohen Proteinanteils war diese Masse namensgebend für die Stoffklasse der Eiweiße.

Die Kondensation von Amino- und Carboxy-Gruppe liefert eine sogenannte **Säure-Amid-Bindung.** Da Aminosäuren beide funktionelle Gruppen besitzen, können sich zwei Aminosäuremoleküle – ähnlich wie bei den Disacchariden – zu einem größeren Molekül verbinden. Die neu entstandene Bindung wird als **Peptidbindung** bezeichnet.

$$R-NH_2 + \underset{HO}{\overset{O}{\underset{\|}{C}}}-R \longrightarrow \underset{R-NH}{\overset{O}{\underset{\|}{C}}}-R + H_2O$$

Dieser Vorgang kann sich wiederholen, da sich am »N-terminalen Ende« (= an die freie Amino-Gruppe) des Dipeptidmoleküls wieder eine Carboxy-Gruppe eines weiteren Aminosäuremoleküls anhängen kann. (Selbiges gilt für das »C-terminale Ende« = Carboxy-Gruppe). Damit entstehen **Polypeptide**, die in der Umgangssprache besser als **Eiweiße** (= **Proteine**) bekannt sind.

$$H_2N-\underset{\underset{R}{|}}{\overset{\overset{|O|}{\|}}{C}}-\underset{\underset{|O|}{|}}{\overset{\overset{H}{|}}{C}}-N-\underset{\underset{R}{|}}{\overset{\overset{|O|}{\|}}{C}}-\underset{\underset{|O|}{\|}}{\overset{\overset{R}{|}}{C}}-OH$$

Natürliche Proteine bestehen aus über 20 Aminosäuren, die im Zellplasma an den Ribosomen zusammengesetzt werden.

Hinweis

Manche Pflanzen (Hülsenfrüchte) haben soviel Eiweiß zur Verfügung, dass sie es als Reservestoff einsetzen können. Für den menschlichen Körper ist Eiweiß jedoch eher Mangelware, sodass er nur in Notzeiten Eiweiß (vor allem aus Muskelmasse) zur Energieversorgung abbaut.

Dieser Prozess heißt Protein-Biosynthese. Für ein Protein aus 100 Aminosäuren gibt es daher mit 20^{100} eine unendliche Zahl von Kombinationsmöglichkeiten. Da die Reihenfolge der Aminosäuren im Eiweiß entscheidend für seine Funktion ist, steht dieser Vorgang unter genauer Kontrolle der DNA.

Entsprechend ihrer vielfältigen Struktur nehmen Eiweiße im Körper die verschiedensten Aufgaben wahr. Insulin dient als Hormon in der Blutzuckerregulation. Kollagen hält das Bindegewebe der Haut straff, während verschiedene Enzyme die Stoffwechselreaktionen beschleunigen.

Die etwa 30 000 verschiedenen Proteine einer Zelle unterscheiden sich in ihrer Größe und ihrer Zusammensetzung und damit auch in ihrer Ladung. Dieses Phänomen nutzt man aus, um Proteingemische durch ein elektrisches Feld aufzutrennen und mit bestimmten Methoden zu identifizieren. Mit dieser Elektrophorese kann man beispielsweise die Verunreinigung von Maismehl mit Weizenstärke nachweisen, die für Allergiker u. U. ein echtes Problem darstellt.

Proteine sind empfindliche Stoffe. Verschiedene Einflüsse wie Schwermetallionen, hohe Temperaturen, Änderung des pH-Werts oder des Lösungsmittels können Eiweiße **denaturieren**. Dabei wird das Eiweiß inaktiv und fällt aus der Lösung aus. Die desinfizierende Wirkung von Alkohol basiert beispielsweise auf der Denaturierung bakterieller Proteine. Auch zu hohes Fieber ist für den Körper gefährlich, da ab 42 °C mit der Denaturierung der Enzyme der Stoffwechsel lahmgelegt wird.

Grundbegriffe
Kapitel 12

Reservestoffe – Schmelzbereich – ungesättigte Fettsäuren – Polyhydroxycarbonylverbindungen – Glucose – Fructose – Fischer-Projektion – α-D-Glucose – β-D-Glucose – Disaccharide – Saccharose – Polysaccharide – Stärke – Cellulose – Aminosäuren – bifunktionelle Moleküle – Zwitterion – Säure-Amid-Bindung – Peptidbindung – Polypeptide – Eiweiße – Proteine – Denaturierung

13 Chemie in Alltag und Technik

13.1 Seifen und Tenside

Abbildung 13.1

Blätter mit Seifenwirkung

Spätestens mit der Verwendung von Kochgeschirr ergab sich für die Menschheit das Problem der Reinigung von fetthaltigen Rückständen. Wasser ist als Lösungsmittel dafür aber nur bedingt geeignet. Deshalb war die Entdeckung von Seifen und anderen Waschmitteln ein großer Fortschritt. Da die Alkalisalze langkettiger Fettsäuren (s. S. 111) eine seifenartige Wirkung zeigen, heißt die alkalische Hydrolyse der Fette auch **Verseifung**. Ein Rezept für diese Herstellung von Seife findet sich bereits auf sumerischen Keilschrifttafeln. Die Aborigines Australiens nutzten zur »Seifengewinnung« Büsche, deren Blätter mit Wasser schaumaktive Stoffe absondern (Abb. 13.1).

Das Problem des Auflösens von Fetten in Wasser liegt in den starken Wasserstoffbrücken zwischen den Wassermolekülen. Diese Bindungen zwingen die Teilchen, die kleinstmögliche relative Oberfläche, also eine Kugelform, einzunehmen. Dieses Phänomen bezeichnet man als **Oberflächenspannung**. Um ein Teilchen zu benetzen, müssen diese Bindungen gelöst werden, da Wasser dann nicht mehr die energieärmste Kugelform annehmen kann. Stoffe, die die Oberflächenspannung herabsetzen, heißen allgemein **Tenside**.

Abbildung 13.2

Waschwirkung

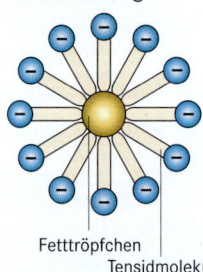

Fetttröpfchen
Tensidmolekül

Tenside haben einen hydrophilen und einen lipophilen Teil (s. S. 50). Damit können sie sowohl mit dem Wasser als auch mit dem Fett in Wechselwirkung treten. Sie wirken sozusagen als Lösungsvermittler, indem sie sich so orientieren, dass der hydrophile Teil nach außen – also zum Wasser – und der lipophile Teil nach innen – also zum Fett – zeigen (Abb. 13.2).

Die Tenside können – wie für die Seife dargestellt – aus natürlichen Edukten oder synthetisch hergestellt werden. Entsprechend ist es möglich, für den jeweiligen Zweck die Wirkung des Tensids genau anzupassen. Verzweigte Tenside werden nach Möglichkeit nicht mehr verwendet, da sie durch die Mikroorganismen der Gewässer nicht abgebaut werden können.

13.2 Kunststoffe

Phänomen

Wenn du dich an dem Ort, an dem du dich gerade befindest, genau umsiehst, wirst du zahllose Gegenstände entdecken, die aus Kunststoffen hergestellt sind. Auch diese sind im Wesentlichen ein Produkt aus der Verarbeitung von fossilen Rohstoffen.

Manche Moleküle bieten die Möglichkeit, viele einzelne Moleküle zu einem großen zu verknüpfen. Aus den sogenannten **Monomeren** wird damit ein **Polymer**. Da durch die Verbindung von Tausenden von Monomeren sehr große Moleküle hervorgehen, sind die Polymere Feststoffe – ein **Kunststoff** ist entstanden. Je nach verwendetem Monomer und der Art der Verknüpfung unterscheiden sich die Eigenschaften der Polymere deutlich. So kann man durch gezielte Wahl der Bedingungen und durch den Einsatz von bestimmten Zusatzstoffen die Eigenschaften des Kunststoffes genau an die Anforderungen des Materials anpassen.

Es existieren unterschiedliche Arten, die Monomere zu verknüpfen. Zwei davon werden kurz vorgestellt: Bei der radikalischen **Polymerisation** werden durch einen Radikalstarter wie Dibenzoylperoxid Radikale erzeugt, die – ähnlich der radikalischen Substitution (s. S. 100) eine Kettenreaktion in Gang setzen.

Abbildung 13.3
Vereinfachte Darstellung der radikalischen Polymerisation

So entsteht z. B. Polyethylen für Folien (PE).

$$\cdots \underset{H}{\overset{H}{C}}{=}\underset{H}{\overset{H}{C}} + \underset{H}{\overset{H}{C}}{=}\underset{H}{\overset{H}{C}}\cdots \longrightarrow \cdots -\underset{H}{\overset{H}{C}}-\underset{H}{\overset{H}{C}}-\underset{H}{\overset{H}{C}}-\underset{H}{\overset{H}{C}}-\cdots$$

Bei der **Polykondensation** werden durch Verknüpfung sogenannter bifunktioneller Moleküle kleine Teilchen wie Wasser abgespalten. Dabei entstehen zum Beispiel Polyester, deren Fasern u. a. für Funktionskleidung eingesetzt werden.

$$n\ HO{-}\underset{\overset{\|}{O}}{C}{-}R^1{-}\underset{\overset{\|}{O}}{C}{-}OH + n\ HO{-}R^2{-}OH \longrightarrow HO\left[\underset{\overset{\|}{O}}{C}{-}R^1{-}\underset{\overset{\|}{O}}{C}{-}O{-}R^2{-}O\right]_n H + (2n-1)\ H_2O$$

Die Beständigkeit der Kunststoffe bereitet in der Entsorgung ein Problem, da die meisten nicht biologisch zersetzt werden können. Somit wurden die ausrangierten Kunststoffe bisher meist deponiert oder verbrannt. Ein Ausweg scheint nur darin zu liegen, dass die Menschheit angestrengter als bisher versucht, weniger Müll zu erzeugen.

Auch Recycling könnte die Müllmenge stark reduzieren und würde gleichzeitig die fossilen Ressourcen schonen. Technisch wäre das Verfahren machbar, jedoch steht noch eine Energiebilanz aus. Um genügend reine Abfälle zu produzieren, müssten die Kunststoffe entsprechend ihrer Kennzeichnung getrennt werden. Dies ist zum einen mit hohem Aufwand verbunden. Außerdem ist die Müllverbrennung nicht mehr möglich, wenn 100 % des Papiers und des Plastiks getrennt entsorgt werden. Die Verbrennung muss dann mit fossilen Energieträgern befeuert werden.

Panorama

Geografie

Im Jahre 1992 stürzte im Pazifik ein Container mit Tausenden von kleinen Plastik-Badeentchen und anderen Schwimmtieren von einem Frachtschiff ins Meer. Aufgrund ihrer Beständigkeit gegen Seewasser dienten sie als treibender Plastikmüll von da ab den Wissenschaftlern zur Erforschung der Meeresströmungen in den Ozeanen. Einzelne Schwimmtiere wurden bis an die Küsten Englands getrieben.

13.3 Die Schmelzflusselektrolyse

Phänomen

Aluminium begegnet uns sehr häufig im Alltag. Seine Eigenschaften als leichtes, korrosionsbeständiges Metall und seine gute Walzbarkeit machen es zu einem universellen Material, das vom Flugzeug bis zum Joghurtdeckel benutzt wird.

Das wichtigste Aluminiumerz ist Bauxit, das neben Aluminiumoxid auch Eisen- und andere Oxide in unterschiedlichen Anteilen enthält. Da Aluminiumoxid eine sehr hohe Bildungsenthalpie aufweist, kann es nicht wie das Eisen in einem Hochofenprozess gewonnen werden. Wie bereits auf S. 41 und S. 84 angedeutet, ist es jedoch möglich, durch Einsatz von elektrischem Strom eine Analyse durchzuführen.

Abbildung 13.4

Schmelzflusselektrolyse von Aluminium

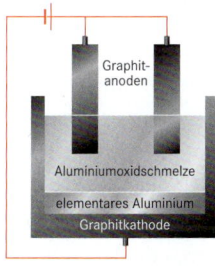

Aus Bauxit wird zunächst unter Abtrennung der anderen Bestandteile Aluminiumoxid (Al_2O_3) gewonnen. Dieses ist unlöslich, weshalb man die Elektrolyse nicht in wässriger Lösung, sondern im geschmolzenen Salz durchführen muss. Um die Schmelztemperaturen von über 2000 °C zu erniedrigen, wird Kryolith zugesetzt. Über massive Kohleelektroden wird bei 5 Volt eine Stromstärke von über Hunderttausend Ampère erzeugt.

An der Kathode werden Aluminium-Ionen entladen, sodass sich elementares Aluminium bildet. Der Anoden-Kohlenstoff reagiert mit dem freigesetzten Sauerstoff zu Kohlenstoffdioxid. Das erzeugte Aluminium hat eine größere Dichte als die Schmelze und kann daher am Boden der Zelle abgelassen werden.

Hinweis

Recyceltes Aluminium spart 20 MWh Energie pro Tonne Aluminium.

Die genannten Stromdaten verdeutlichen den Energie»verbrauch«, den die Erzeugung von elementarem Aluminium aus Bauxit erfordert. Da gleichzeitig giftige Gase als Abfallprodukte entstehen und auch die Entsorgung der entstandenen Schlacke die Umwelt belastet, kommt dem Recycling von Metallen eine immer größere Bedeutung zu. Wichtig ist dabei jedoch eine sortenreine Trennung. Hier ist der Verbraucher gefordert.

13.4 Das Haber-Bosch-Verfahren

Abbildung 13.5
Das Stickstoffmolekül enthält eine Dreifachbindung.

|N≡N|

Abbildung 13.6
Ammoniakreaktor

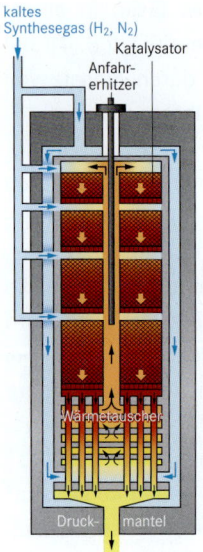

ammoniakhaltiges Gasgemisch

Hinweis
Die benötigten Rohstoffe stammen aus der Luftverflüssigung (Stickstoff) und aus Erdgas (Wasserstoff).

Justus von Liebig entdeckte im 19. Jahrhundert, dass Pflanzen zum Wachstum Mineralsalze benötigen, z. B. Stickstoff- und Phosphorverbindungen. Da der elementare Stickstoff in der Luft ein Molekül mit Dreifachbindung ist (Abb. 13.5), können Pflanzen diesen nicht verwerten und müssen Stickstoffverbindungen, wie Nitrate, aufnehmen.

Chilesalpeter (KNO_3) war zu Anfang des 20. Jahrhunderts die wichtigste Nitrat-Quelle. Die Versorgung mit Salpeter, der zur Produktion von Kunstdünger, Sprengstoffen und Munition benötigt wurde, konnte mit dem Bedarf nicht mithalten. Daher wurde intensiv an der Synthese von Stickstoffverbindungen aus den Elementen geforscht. Dem deutschen Chemiker Fritz Haber gelang dies schließlich vor dem ersten Weltkrieg:

$$N_2 + 3\,H_2 \rightleftharpoons 2\,NH_3$$

Um den Prozess in industriellem Maßstab zu ermöglichen, mussten jedoch einige Probleme gelöst werden:
- Zur Spaltung des Stickstoffmoleküls musste ein geeigneter Katalysator gefunden werden, um die hohe, durch die Dreifachbindung bedingte Aktivierungsenergie zu umgehen.
- Um die Lage des Gleichgewichts »nach rechts« zu verschieben (s. S. 30), stellten sich ein hoher Druck und eine »mittlere« Temperatur als erfolgreich heraus; eine zu hohe Temperatur beschleunigt die Rückreaktion, eine zu niedrige Temperatur verlangsamt die Reaktionsgeschwindigkeit am Katalysator zu sehr.
- Ein normaler Stahlreaktor hielt diesen extremen Bedingungen nicht stand, da er mit den Edukten reagierte. Der Techniker Carl Bosch konstruierte einen neuartigen Behälter; daher heißt das Verfahren auch **Haber-Bosch-Verfahren**.

In heutigen Reaktoren werden pro Tag Produktionsmengen im Kilotonnenbereich erreicht.

Grundbegriffe
Kapitel 13

Verseifung – Oberflächenspannung – Tenside – Monomer – Polymer – Kunststoff – Polymerisation – Polykondensation – Schmelzflusselektrolyse – Haber-Bosch-Verfahren

Kohlenstoffgehalt 91
Kohlenwasserstoff 89
– gesättigter 90
– ungesättigter 96
Kollagen 121
Königswasser 71
Konstitutionsisomerie 92
Kontaktelement 87
Konzentration 28, 69
Korrosion 87, 88
Korrosionsschutz 71
Kraft
– intermolekulare 49, 119
– intramolekulare 48
Kristall 37
Kristallstruktur 5
Kugelpackung, dichte 40
Kunststoff 13, 123
Kupferhydroxid 66
Kupfer(II)-oxid 107
Kupfer(I)-oxid 109

Lauge 63, 66, 71
Legierung 9
Leitfähigkeit 5, 34, 40
lipophil 50, 115
lipophob 51
Lösungsmittel 50
Lösungsvermittler 122
Lösungsvorgang 50
Luft 74, 75

Magensäure 71
Magnesium 111
Magnesiumacetat 111
Makromolekül 13
Malaria 101
Maltose 118
Masse
– Erhaltung 27
– molare 58
Mendelejew 18
Metalle 19
– edle 42, 82
– unedle 42, 82
Metallbindung 40
Metalloxide 63
Methan 90
Methanal 109
Methanol 104
Methyl 93
Meyer 18
Modifikation 20
Mol 57
Molekül 13, 43
– bifunktionelles 119
– räumlicher Bau 46
Molekülmasse 58
Molekülorbital 44, 47, 49
Monokultur 106
Monomer 123
Muskel 83

Nachweisreaktion 53
Natriumchlorid 34
Natronlauge 63, 67, 72
Nebengruppe 19, 41
Neutralisation 68, 69
Neutron 14
Nichtmetall 19
Nichtmetalloxid 63
Nickelnachweis 38
Niederschlag 38

Nitroglycerin 113
NMR-Spektroskopie 54
Nobel 113
Normal-Wasserstoff-
  elektrode 83
Nukleon 14
Nukleonenzahl 14

Oberfläche 5
Oberflächenspannung 51,
  52, 122
Oktettregel 33
Öl, pflanzliches 116
Ölteppich 98
Opferanode 88
Orbital 17, 18, 44
Orbitalbesetzung 18
Ordnungszahl 14
Ostwald-Verfahren 71
Oxid 73
Oxidation 76
– stille 77, 78
Oxidationsmittel 76
Oxidationsreaktion 107
Oxidationsstufe 78
Oxidationszahl 78, 110
Oxonium-Ion 65
Ozon 102, 103
Ozonschicht 102, 103

Pauling 48
PE 124
Peptidbindung 120
Periode 18
Periodensystem
  der Elemente 18
Petrochemie 97
Phasenübergang 6
Phenolphthalein 64
Phosphorsäure 65, 71
Platinelektrode 83
Polyester 124
Polyethylen 124
Polyhydroxycarbonyl-
  verbindung 116
Polykondensation 124
Polymer 116, 123
Polymerisation 123
Polysaccharid 118
Prinzip des kleinsten
  Zwanges 30
Produkt 23
Propan 90
Propanal 109
Propanol 104
Propanon 109
Proportionen, konstante 27
Protein 120
Protein-Biosynthese 121
Protolyse 65
Protolysereaktion 68
Proton 14
Protonenakzeptor 66
Protonendonator 65
Protonenübergänge 63

Radikalstarter 123
Rapsöl 106
Reaktion
– chemische 22, 25, 27
– endotherme 25
– exotherme 25

– reversible 29
– unvollständige 29
Reaktionsenthalpie 25
Reaktionsgeschwindig-
  keit 28
Reaktionsgleichung 22,
  23, 61
Recycling 124
Redoxgleichung 80
Redoxreaktion 75, 76
Reduktion 76
Reduktionsmittel 76
Regen, saurer 99
Reihe, homologe 90
Reinstoffe 8
Reservestoff 115
Ringschluss 117
Rohstoff
– fossiler 98
– nachwachsender 106
Rost 74, 87
Rückseitenangriff 101
Rutherford 14

Saccharose 118
Salpetersäure 66, 71
Salze 32, 36
Salzbrücke 82
Salzkristall 36
Salzsäure 65, 71
Salzsynthese 35
Salzwasser 8
sauer 63
Sauerstoff 54, 74, 75
Säure 63, 64, 71
– mehrprotonige 65
Säure-Amid-Bindung 120
Säureanion 65
Säure-Base-Paar, korres-
  pondierendes 68
Säure-Base-Reaktion 65, 68
Säurerest 65
Schale 15, 17, 32
Schmelzbereich 115
Schmelzflusselektro-
  lyse 85, 125
Schmelztemperatur 5, 6
Schmelzwärme 7
Schwangerschaft 29
Schwarzpulver 78
Schwefelsäure 66, 71
Seife 122
Siedetemperatur 5, 6, 8
Silbernitratlösung 64,
  100, 109
Silberspiegelprobe 109
Sommersmog 103
Spannung 82, 85
Spannungsreihe, elektro-
  chemische 84
Spektroskopie 39
Spektrum 39
Standardbedingung 60
Stärke 54, 118
Stereoisomer 95
Stickoxid 103
Stickstoff 21, 54, 75
Stoffe 5
– polare 51
– unpolare 50
Stoffänderung 22, 27
Stoffmenge 57

Stoffwechsel 119
Stoßtheorie 28
α-Strahlen 15
Stromerzeugung 85
Substitution, radikali-
  sche 101
Suchtpotenzial 105
Sylvesterkracher 77
Synthese 22

Teilchen, kleinste 12
Teilchenbeschleuniger 19
Teilchenmodell 6
Teilchenzahl 57
Teilgleichungen 34
Temperatur 28
Tensid 122
Thermitverfahren 42
Titration 69, 70
Trans-Konfiguration 95
Treibgas 102
Treibhauseffekt 98, 99
Treibstoff, nachwachsen-
  der 107
Trennverfahren 7
Trinkalkohol 104
Trinkwasser 52
Trivialname 93

Übergangsmetall 41
Umsetzung 23
Universalindikator 64
unpolar 90
UV-Licht 101
UV-Strahlung 102

Valenzelektron 16, 34, 40
Valenzelektronenzahl 18
Valenzstrichformel 45
van-der-Waals-Kräfte 49, 90
Verbindung 10, 22
Verbrennung 73, 91
Verhältnisformel 37
Verhüttung 41
Verseifung 122
Verzweigung 93
vis vitalis 89
Volta 87
Volumen, molares 59, 60

Wärmekapazität 5
Wasser 51
Wasserkreislauf 52
Wasserstoffbrücken 49, 52
Wasserstoffbromid 100
Wasserstoffchlorid 65
Wechselwirkung 36
– intermolekulare 48, 49
Wellenlänge 39
Wertigkeit 44
Wöhler 89
Wortgleichung 22

Zellatmung 117
Zentralatom 46
Zersetzung 10
Zerteilungsgrad 29
Zinkiodid 29, 41, 84
Z-Konfiguration 95
Zucker 116
Zuckerrohr 106
Zündung 77
Zwitterion 119

Acetaldehyd 108
Aceton 109
Acetylen 96
Addition, elektrophile 101
Aggregatzustand 5, 6
Akkumulator 85
Aktivierungsenergie 25, 26, 73
Alchimist 89
Aldehyd 108
Aldehyd-Gruppe 108
Alkalimetall 20
alkalisch 63
Alkan 90
– höheres 90
– niedrigeres 90
– verzweigtes 92
Alkanal 108
Alkanoat 111
Alkanol 104
Alkanon 109
Alkansäure 111
Alken 94
Alkin 96
Alkohol 8, 51, 77, 104
– dreiwertiger 105
– mehrwertiger 105
– primärer 105, 108
– sekundärer 105, 108
– tertiärer 105, 108
Aluminium 85
Aminosäure 119
Ammoniak 72
amphiphil 51
Ampholyt 67
Analyse 10, 22, 41
Anion 13, 36
Anode 85
Antikörper 54
Anziehungskraft, elektrostatische 40, 43
Aromastoff, naturidentischer 113
Aspirin 113
Atmosphäre 21
Atom 13
Atombindung, polare 47
Atomkern 14
Atommasse 56
Atommasseneinheit 56
Atomrumpf 40
Atomsymbol 11
Autobatterie 86
Avogadro-Konstante 57
Avogadro-Zahl 57

Baeyer-Probe 94
Base 66
basisch 63, 66
Batterie 85
Bauxit 85
Bezugselement 79
Bindung 6
– kovalente 43
– polarisierte 48
Bindungsabstand 94, 96
Bindungsenergie 94, 96
Bindungsgrad 96
Bindungstyp 36, 40, 96
Bindungswinkel 46, 90, 95
Biogas 107
Blaukrautsaft 64

Bleiakku 86
Blutzucker 117
Brandbekämpfung 73
Brennspanprobe 54
Brennstoffzelle 86, 106
Bromradikal 100
Bromwasserprobe 94
Brönsted 65
Bronze 42
Brown'sche Molekularbewegung 13
BTL-Verfahren 106
Bunsenbrenner 39
Butan 91, 92
Buttersäure 112

Carbonsäure 111
Carboxy-Gruppe 111
Carbonyl-Gruppe 109
Carboxylat-Ion 111
Cellulose 118
Chalkogene 20
Chilesalpeter 72
Cis-Konfiguration 95
Computer-Tomographie 55
Contergan 47
Cyanidlaugerei 42
Cycloalkan 92
Cyclohexan 92

Daniell-Element 82
DDT 101
Dehydrierung 52
denaturieren 121
Destillation 9, 75, 106
– fraktionierte 97
Destillationsturm 97
Diamant 13, 20
Dibenzoylperoxid 123
1,2-Dichlorethan 95
Dichte 5
Dichteanomalie 51
Diffusion 12
Dimere 112
Dipol-Wechselwirkung 49
Disaccharid 118
DNS 13
Doping 53
Doppelbindung 43, 94, 95
Dreifachbindung 96

Edelgas 12, 21
Edelgaskonfiguration 33, 34
Edelgasregel 32
Edelgaszustand 33
Edelmetall 41
Edelstahl 88
Edukt 23
Eis 7
Eisen, pyrophores 29
E-Konfiguration 96
Elektrode 84
Elektrolyse 62, 72, 84, 85
Elektron 14, 17
Elektronenabgabe 76
Elektronenaufnahme 76
Elektronendichte 43, 94
Elektronengasmodell 40
Elektronenhülle 14
Elektronenkonfiguration 15, 34

Elektronenpaar
– bindendes 43
– freies 43
Elektronenpaar-Abstoßungs-Modell 46
Elektronenpaarbindung 43
Elektronenübergang 33, 73
Elektronenzahl 17
Elektrophorese 121
Element 10, 19
– galvanisches 82, 85, 86
– zweiatomiges 12
Elementarladung 48
Energie 7
– regenerative 86, 88, 99, 100
Energieänderung 25, 27
Energiediagramm 26
Energieerhaltungssatz 25
Energieträger, fossiler 99
Entzündungstemperatur 73
Enzym 26, 47, 121
EPA-Modell 46, 90, 95
EPO 53
Erdklima 98
Erdölfraktionen 97
Erz 20
Essigsäure 111
Ester 112
Ethan 90
Ethanal 108, 109
Ethanol 104, 106
Ethanolverpuffung 77
Ethansäure 111
Ethyl 93
Explosion 77

Faraday 78
FCKW 102
Fehling-Reaktion 109
Fett 115
Fettfleckprobe 115
Fettsäure, ungesättigte 116
Fischer-Projektion 117
Flammenfärbung 39
Formaldehyd 109
Formalin 109
Formel, chemische 11
Fotosynthese 74
Fructose 116, 118
Fulleren 20
Funktionskleidung 124

Galvani 83
Gärung, alkoholische 106
Gasgemisch 74
Gemisch 7
– heterogenes 8
– homogenes 8
Geschwindigkeit 26
Gitterenergie 37
Gleichgewicht
– dynamisches 30
– Lage 30, 31
Glimmspanprobe 54
Glockenboden 97
Glucose 116, 117, 118
Glucose-Oxidase 117
Glycerin 115
GOD 117
Graphit 20
Größengleichungen 61, 62
Grubenlampe 78

Gruppe, funktionelle 104

Haber-Bosch-Verfahren 72, 126
Halbmetall 19
Halbzelle 82
Halogen 21
Halogenalkan 102
Halogenierung 100
Harnstoff 89
Hauptenergiestufen 15
Hauptgruppe 18, 20
Heißluftballon 59
heterolytisch 101
Hin- und Rückreaktion 30
HIV-Test 54
Hochofen 41, 76
Hochofenprozess 42, 85
homolytisch 100
Hydrathülle 50
Hydrogencarbonat-Ion 67
Hydrolyse 113
hydrophil 51
hydrophob 50, 115
Hydroxid 66
Hydroxy-Gruppe 104, 108, 109

Index 11
Indikatoren 63
Infrarotstrahlung 54
Inkohlung 99
Insulin 121
Iodlösung 54
Ion 13
– Nachweis 38
Ionenbindung 36
Ionengitter 36
Ionisierungsenergie 17, 32
Isobutan 92
isoelektrischer Punkt (IEP) 119
Isomerie 92
Isotop 14
IUPAC-Nomenklatur 92, 94

Kalilauge 67
Kaliumchlorid 36
Kaliumpermanganatlösung 94
Kalklauge 38, 67
Kalkwasserprobe 54
Karbon 99
Katalase 26
Katalysator 26, 29, 31
Katalyse 26
Kathode 85
Kation 13, 36
Kenneigenschaft 5, 8
Kern-Hülle-Modell 14
Kernspin 55
Kernverbindungslinie 95
Kerze 73, 77
Keton 108, 109
Kläranlage 52
Knallgasprobe 53
Kochsalz 21, 34
Kochsalzsynthese 33
Koeffizient 11
Kohle 99
Kohlenhydrat 116
Kohlensäure 63, 66
Kohlenstoffdioxid 54